会计制度论

王 璐 著

中国海洋大学出版社
·青岛·

图书在版编目（CIP）数据

会计制度论/王璐著 . 一青岛：中国海洋大学出版社，2017. 10

ISBN 978-7-5670-1605-7

Ⅰ. ①会… Ⅱ . ①王… Ⅲ. ①会计制度 Ⅳ. ① F233

中国版本图书馆 CIP 数据核字（2017）第 262195 号

出版发行	中国海洋大学出版社			
社　　址	青岛市香港东路 23 号		邮政编码	266071
出 版 人	杨立敏			
网　　址	http://www.ouc-press.com			
电子信箱	813241042@qq.com			
订购电话	0532－82032573（传真）			
责任编辑	郭周荣		电　　话	0532－85902469
印　　制	虎彩印艺股份有限公司			
版　　次	2017 年 10 月第 1 版			
印　　次	2017 年 10 月第 1 次印刷			
成品尺寸	140 mm ×203 mm			
印　　张	6. 875			
字　　数	200 千			
印　　数	1—1 000			
定　　价	30. 00 元			

发现印装质量问题，请致电 18600843040，由印刷厂负责调换。

CONTENTS | 目　录

第一章　何谓"会计制度"

人类社会的发展史,是生产力与生产关系、经济基础与上层建筑相互作用的历史,最终是生产力逐步推进、社会不断进步的历史,也是一部制度变迁史。生产力的发展水平决定了各项制度的性质、结构及其水平;另一方面,作为上层建筑的制度,当它适合生产力发展时,具有促进生产力发展的积极作用,当它不适合甚至阻碍生产力发展时,则必须进行制度的变革创新,会计制度也不例外。而什么是制度、什么是会计制度,是本书首先要明确和解决的问题。

第一节　制　度

关于制度的概念,至今尚无一致的看法,由此对于制度的起源、制度的分类、制度的功能等问题也莫衷一是。而这些问题的解决无疑是构建会计制度概念的重要前提之一,是我们无法回避的问题。

(一)制度的含义

概念作为反映事物本质属性的思维形式,应体现事物的质的规定性,从内涵和外延两方面加以描述。当然,某事物的概念不是一成不变的,而是随着该事物的发展和相关环境的变化而有所变化。因此为了深入了解制度的涵义,有必要探究一下制度的起源。

众所周知,早期人类社会是一种群居社会,这是由当时的生产力水平所决定的,离开了群居生活,将失去群体力量,单个成员无法抵御强壮动物的袭击,无法生存。"野蛮人碰到这么多真实的危险,又被这么多想象的危险所困惑,以致一个人单独生活根本是不可能的,他甚至连这种思想也没有过。从他的氏族、他的部落联盟中被驱逐出来,对于他来说等于判处死刑。""在最原始的野蛮人中间,家庭根本不存在:某一氏族的妇女归另一氏族的男子所共有……他们互相以兄弟姐妹相待,对自己的母亲及其同辈的母亲一概称作母亲。氏族对于他们就是一切,在氏族以外,他们不知道别的东西,结婚是氏族的,所有主也是氏族。"① 这是氏族间的婚姻,还有一种氏族内的婚姻,"这种家庭的典型形式,应该是一对配偶的子孙中每一代都互为兄弟姐妹,正因为如此,也互为夫妻"②"这并不是一些毫无意义的称呼,而是实际上流行的对血缘亲属关系的亲疏异同的观点的表现;这种观点是一个完备制定了的亲属制度的基础,这种亲属制度可以表现单个人的数百种不同的亲属关系……父亲、子女、兄弟、姊妹等称谓,并不是简单的荣誉称号,而是一种负有完全确定的、异常郑重的相互义务的称呼,这些义务的总和便构成这些民族的社会制度的实质部分。"③ 这便有了一定的规矩,产生了制度的萌芽,但尚未产生私有的概念,仍属于群婚制时期,是一种血缘家庭。之后,"一个男子在许多妻子中有一个主妻(还不能称为爱妻),而他对于这个女子来说也是她的许多丈夫中的一个主夫。"④ 由此产生了对偶家庭,随着这种"主妻、主夫"关系的强化,婚姻关系逐渐牢固起来,并不能由双方任意解除了,从而进入了一夫一妻制家庭时代,出现了家庭规则。无论是氏族间的群婚、氏族内同辈人的群婚(血缘家庭),还是对偶家庭、

---

① 拉法格《财产及其起源》,王子野译,北京:生活•读书•新知三联书店,1978 年,第 37 页、第 38 页。

② 恩格斯《家庭、私有制和国家的起源》,《马克思恩格斯选集》第 4 卷,北京:人民出版社,1972 年,第 32 页。

③ 恩格斯《家庭、私有制和国家的起源》,《马克思恩格斯选集》第 4 卷,北京:人民出版社,1972 年,第 24 页。

④ 恩格斯《家庭、私有制和国家的起源》,《马克思恩格斯选集》第 4 卷,北京:人民出版社,1972 年,第 41 页。

一夫一妻制家庭,都具有一定的共性,即存在"性"的稀缺,差别在于稀缺的程度不同。氏族间的群婚,禁止本氏族内通婚,产生氏族内性的稀缺;氏族内同辈人之间的群婚,产生不同辈之间、本氏族与其他氏族之间性的稀缺;对偶家庭、一夫一妻制家庭产生更大范围的性稀缺。随着家庭的产生,使家庭具有了自己的、离开氏族而独立的个人利益,"氏族的共有财产因此也就不得不分散开去而形成分开了的家庭的私有财产。"[①]但这时的私有财产还只是动产,土地仍然公有,家庭只拥有土地的使用权,"牧场、森林、沼泽、打猎和捕鱼的权利、各种使用权和征自商队及商人的税收等收入仍然没有分配,而归于村落全体居民的公有财产。"[②]这是因为当时人口稀少,生产力水平低下,从而使动产相对缺乏、不动产较为充裕。以此为基础,希腊氏族、罗马氏族都有类似的规范,包括:氏族成员的相互继承权,但财产仍保留在氏族以内;占有共同的墓地;共同的宗教节日;氏族内部不得通婚;土地共有;同氏族人有相互保护和援助的义务;用氏族名称的权利;收养外人入族的权利;选举和撤销首长的权利等。[③]此时土地尚比较充裕,"由于人口稀少,荒地总是很多的,因此,任何争夺土地的纠纷,就没有必要了。只是经过数世纪之后,当家庭成员的人数大大增加,以致在当时的生产条件下共同经营已成为不可能的时候,这种家庭公社才解体,以前公有的耕地和草地,就按人所共知的方式,在新形成的单个农户之间实行分配,这一分配起初是暂时的,后来便成为永久的,至于森林、牧场和沼地依然是共有的。"[④]这是人口增加产生耕地和草

---

① 拉法格《财产及其起源》,王子野译,北京:生活•读书•新知三联书店,1978年,第62页。

② 恩格斯《家庭、私有制和国家的起源》,《马克思恩格斯选集》第4卷,北京:人民出版社,1972年,第138页。

③ 恩格斯《家庭、私有制和国家的起源》,《马克思恩格斯选集》第4卷,北京:人民出版社,1972年,第116-118页

④ 恩格斯《家庭、私有制和国家的起源》,《马克思恩格斯选集》第4卷,北京:人民出版社,1972年,第138页。

场变得稀缺的规则变化。随着人口的进一步增加,人们的活动空间相对减少,部族之间由于土地(领地)问题出现纠纷、发生战争,战俘沦为奴隶,财产私有化的范围不断扩大、程度不断提高,分化出不同的阶级,进而产生了国家。国家的产生,要求按地区划分国民,要求设立公共权力,进而要求公民缴纳捐税,在以人力为主要生产要素的奴隶制时代,人力变成一种稀缺资源,阶级之间的对立更加尖锐,奴隶作为重要的劳动工具便成为国家规范的重要对象之一,"奴隶也包括在居民以内;九万雅典公民,对于三十六万五千奴隶来说,只是一个特权阶级。""随着国内阶级对立的尖锐化,随着彼此相邻的各国的扩大和它们人口的增加,公共权利就日益加强。"[①]而土地作为农业经济最重要的不可替代的生产要素,形成了以土地为核心的封建主义经济社会。虽然随着人口的不断增加,人均土地面积在逐步减少,但社会生产力也获得了较大的发展进步,尤其是工业革命的兴起,生产的发展需要大量的资本投入,使得社会生产中稀缺的生产要素土地被资本所取代,出现了以资本为核心的市场经济社会。而这一系列社会形态的更迭,均伴随着不同的政治、经济、文化等方面的约束和规则,这些约束和规则又是源于不同的"稀缺",是生产力与生产关系、经济基础与上层建筑相互关系的有力印证。

从上述分析中我们不难发现,首先,制度是人为制定的源于资源稀缺、治理资源稀缺的行为规则或约束,惯例甚至意识形态不能是制度的组成部分,[②]应该是制度构建和制度运行的环境;其次,制度是对有关权利的允诺或限制,这也是制度的本质所在;再次,制度具有社会性和公共性,并据以制定相关政策等特征。应该指出,

① 恩格斯《家庭、私有制和国家的起源》,《马克思恩格斯选集》第4卷,北京:人民出版社,1972年,第167页。
② 林毅夫《关于制度变迁的经济学理论:诱致性变迁与强制性变迁》,《财产权利与制度变迁——产权学派与新制度学派译文集》,上海:上海三联书店、上海人民出版社,2000年,第379-380页。

这里用"权利"而不用"权力",是因为"权利"作为公民或法人依法行使的权力和享有的利益,它包含了"权力","权力"是指政治上或职责范围内一定的强制力量或支配力量。

从理论上讲,"制度"一词是一个十分宽泛的概念,从不同角度可以得出不同的定义,并具有不同的层面。《辞海》中关于制度的定义有三个层面的解释:一是要求成员共同遵守的、按一定程序办事的规程,如工作制度、学习制度等;二是在一定历史条件下形成的政治、经济、文化等各方面的体系,如社会主义制度、资本主义制度等;三是古时所指的政治上的规模法度,如《汉书·元帝纪》中的"汉家自有制度,本以霸、王道杂之"。随着新制度经济学的兴起,西方学者对制度的研究呈现出前所未有的繁荣,我国部分学者也加入了这一行列,提出了各具特色的有关制度的概念。大体来看,主要有以下观点:

(1)共有原则论。凡勃伦认为,制度是大多数人所共有的"固定的思维习惯、行为准则,权利与财富的原则""制度实质上就是个人或社会对有关的某些关系或某些作用的一般思想习惯……今天的制度,也就是当前公认的生活方式"。①

(2)行为规范论。诺斯认为,制度是一系列被制定出来的规则、守法程序和行为的道德伦理规范。② "它'包含着一套以章程和规则为形式的行为约束,一套从章程和规则出发来检验偏差的程序,最后还有一套道德、伦理的行为规范,这类规范限定了章程和规则的约束方式的轮廓'。" ③ 舒尔茨对制度的概念更直接、具体,"我将一种制度定义为一种行为规则,这些规则涉及社会、政治及经济行为。例如,它们包括管束结婚与离婚的规则,支配政治权

---

① 凡勃伦《有闲阶级论——关于制度的经济研究》,蔡受百译,北京:商务印书馆,1983年,第138-141页。

② 道格拉斯·C·诺斯《经济史中的结构与变迁》,陈郁、罗华平译,上海:上海三联书店、上海人民出版社,1994年,第225-226页。

③ 道格拉斯·C·诺斯《交易成本、制度与经济史》,《经济译文》,1994年。

力的配置与使用的宪法中所内含的规则,以及确立有市场资本主义或政府来分配资源与收入的规则。"[1] 我国也有学者认为,"制度可以定义为社会中个人所遵循的行为规则。制度可以被设计成人类对付不确定性和增加个人效用的手段。"[2] "制度是一个社会的游戏规则,或者说是构建人类相互行为的人为设定的约束。"[3] "制度是人们交换活动和发生联系的行为准则,它是由生活在其中的人们选择和决定的,反过来又规定着人们的行为,决定了人们行为的特殊方式和社会特征。"[4]

(3)集体控制论。康芒斯认为,制度就是集体行动控制个人行动,更确切的说,是"集体行动抑制、解放和扩张个体行动",其中,最重要的是法律制度。[5]

(4)权利组合论。斯密特认为,制度是有关人们有序关系的集合,它界定人们的权利、责任、特权以及所面对的其他人的权利。"制度意味着特定权利的总合,它常常分成一些组合。"[6]

(5)相关安排论。平乔维奇认为,制度可以定义为对人类重复交往所作的法律的、行政的和习惯的安排。[7] 德姆塞茨认为,一切制度就其本质而言都是一种产权安排。[8]

---

① 舒尔茨《制度与人的经济价值的不断提高》,《财产权利与制度变迁》,刘守英译,上海:上海三联书店、上海人民出版社 2000 年,第 253 页。

② 林毅夫《关于制度变迁的经济学理论:诱致性变迁与强制性变迁》,《产权利与制度变迁》,上海:上海三联书店、上海人民出版社,2000 年,第 373 页。

③ 林毅夫《关于制度变迁的经济学理论:诱致性变迁与强制性变迁》,《产权利与制度变迁》,上海:上海三联书店、上海人民出版社,2000 年,第 373 页。

④ 张曙光《制度·主体·行为——传统社会主义经济学反思》,北京:中国财政经济出版社,1999 年,第 125 页。

⑤ 约翰·康芒斯《制度经济学》(上册),北京:商务印书馆,1981 年,第 92 页。

⑥ A·爱伦·斯密特《财产、权利和公共选择——对法和经济学的进一步思考》,蒋文华等译,上海:上海三联书店、上海人民出版社,1999 年,第 7 页。

⑦ 斯韦托扎尔·平乔维奇《产权经济学——一种关于比较体制的理论》,蒋琳琦译,北京:经济科学出版社,1999 年,第 3 页。

⑧ 转引自姚先国、罗卫东《比较经济体制分析》,杭州:浙江大学出版社,1999 年,第 43 页。

（6）政策结构论。程虹认为,制度可以看作是设计用来生产一系列稳定政策的结构,制度主要是一种监督形式。①

（7）共同信息论。李建德认为,制度是人类社会中得以规范行为、形成相互合作关系所必要的共同信息。制度是人类社会中的共同信息。只有经过社会化的过程,个人才能获得这些信息,并把社会的共同信息内化为各个人的行为规则。②

综观上述观点不难看出,"共有原则论"实际上是指的习惯,是人们对既有生活方式的认可,是一种不成文的惯例,而惯例是一种习惯的做法,不具有强制约束力;"权利组合论"从制度所隐含的权利方面,指出了制度在权利、责任方面的对称性,体现了制度的结构性,但没有说明制度的本质;"相关安排论"从制度的表现形式上,指出了制度的涵盖范围及其规范对象,但同样将习惯作为制度的组成部分,同时认为"一切制度就其本质而言都是一种产权安排",实际上这是经济制度的概念,是对于政治制度、文化制度等并不是产权方面的规定;"集体控制论"重在说明制度的约束作用;"政策结构论"强调的是制度用于"生产"有关政策的产出源泉;"共同信息论"则从制度的社会公用角度,指出了制度的社会性、公开性和公共性;"行为规范论"从人为设定角度指出了制度作为行为准则的特征,显然是一种成文的规定。

因此笔者将制度定义为:制度是人类社会中由于稀缺的存在而人为设定的关于权利安排的各种行为规则。这些行为规则的本质是关于权利的安排,制度的内容本身具有公共信息性质,这是制度实施的基本前提,并随着社会的不断进步,其公共性日益增强,同时制度的外延不断扩大、内容不断丰富、结构日渐复杂。当然,

---

① 程虹《制度变迁的周期——一个一般理论及其对中国改革的研究》,北京:人民出版社,2001 年,第 177 页。

② 李建德《经济制度演进大纲》,北京:中国财政经济出版社,2000 年,提要第 3 页、正文第 142 页。

制度不是目的,而是规范人们行为的一种工具,这一规范又是通过不同类别的具体制度实现的。

(二)制度的分类

分类是根据事物的性质特点所作的分门别类。分类的目的在于更深入、全面的认识和管理事物。按照不同的标准,可以对制度作出不同的分类,但分类应讲求科学性、合理性。就现有的文献来看,大多数学者都将制度首先分为正规制度和非正规制度。[①]他们认为,正规制度是指由一定的组织机构公开发布实施的规则,是人们有意识、有目的地设计出来的行为规则,是指"确定生产、交换和分配的基础的一整套政治、社会和法的基本原则",[②]包括国家的法律、规章、条例,以及各种组织的章程、协议、纪律等。非正规制度是指在社会发展和历史演变过程中自发形成的不以人们的主观意志为转移的约定俗成和共同遵守的行为规则,包括人们的意识形态、道德伦理、传统习惯等。正规制度具有强制性、目的性,具有具体的表现形式,是一种外在的约束,违反者将受到有关制裁,付出违反的代价;非正规制度则不具有强制性,作为人们共同认可的规则,只是内在的心理约束,违反者如果有所醒悟,将受到道德、良心的谴责,如果违反者心安理得,也不会受到制裁。自古以来,正规制度和非正规制度都是共同发挥作用的,互为补充,形成一种刚性与柔性的有机结合,其根源在于社会存在。比较而言,正规制度的成本较高,但形成的时间较短、易于储存和传递,由于是显性或符号规则,可以离开人体而独立存在;非正规制度虽然成本较低,但形成的时间较长、传递速度慢,由于是隐性规则,所以不能脱离

---

① 李建德《经济制度演进大纲》,北京:中国财政经济出版社,2000 年,第 143 页;程虹《制度变迁的周期——一个一般理论及其对中国改革的研究》,北京:人民出版社,2001年,第 204 页;张曙光《制度、主体、行为——传统社会主义经济学反思》,北京:中国财政经济出版社,1999 年,第 128 页。
② 道格拉斯·C·诺斯《制度、制度变迁与经济绩效》,杭行译,上海:上海三联书店,1994 年,第 64 页。

人而独立存在。有人认为,正式制度就是非正式制度的法律化和政府形式化,也就是说,正式制度来自于非正式制度。任何一种制度在最初都表现为非正式制度的形式,这是由于政府所制定的制度,其交易成本和程序都过于繁杂。[①] 如此看来,任何非正式制度最终都将转化为正式制度,非正式制度是正式制度的源泉。远古时代的家庭制度可能如此,今天的文化制度、某些经济制度(如契约、租赁制度等)可能如此,但政治制度、大多数法律制度并非如此。因此非正式制度与正式制度并不存在绝对的因果关系、源泉关系。笔者认为,人们的意识形态、道德伦理、传统习惯等所谓"非正式制度",实际是制度环境,不能与制度本身相混淆,为此可将制度作如下四个方面的分类。

(1)按照制度的表现形态和作用方式,可以分为名义制度和实际制度。名义制度和实际制度的划分,对于分析制度的性质具有重要意义。这一分类开始是基于对公有制经济的考察,认为"名实结构"是公有制经济最基本、最宏观的制度结构,改革意味着对名义制度的压缩和实际制度的扩展。[②] 这里,名义制度也称名义结构,实际制度也称实际结构。实际上,这一分类对一般制度也是适用的。"名义结构具有统一的、公认的和显在的特征,起着某种规则和框架的作用。"[③] 显然,名义制度和实际制度是针对所谓正式制度的分类,制度的设计是为了全面有效的执行。一般来讲,符合实际的制度设计,会得到人们的认可和遵守,但随着环境的变化,尤其是个体利益的驱动,在制度的实际运作过程中,有可能出现与名义制度不符的现象,出现运作偏差,即实际执行的和制度规定的不尽一致。无论何种原因,当这一不一致达到足够大时,表明名

① 程虹《制度变迁的周期——一个一般理论及其对中国改革的研究》,北京:人民出版社,2001年,第204页。
② 崔殿超《制度理论与中国制度结构》,《天则内部文稿系列》,1996年。
③ 张曙光《制度、主体、行为——传统社会主义经济学反思》,北京:中国财政经济出版社,1999年,第128页。

义制度已基本失去其效力,已到了需要变革名义制度之时。实际制度对名义制度的背离,是一种渐进的量变过程,当这一量变超过一定的度,将引起名义制度的质变。人民公社制度的消亡便是最好的佐证,我国从 1993 年之前的在计划经济基础上的会计制度向 1993 年以后的在市场经济基础上的会计制度的转化,也充分证明了这一点。

（2）按照制度在制度结构中的地位和作用,可以分为基础性制度和一般性制度。基础性制度是在整个制度结构中处于核心地位、统驭其他制度的制度,一般性制度是在基础性制度基础上设计的用于直接规范人们某方面行为的制度。这一分类具有一定的相对性,针对不同对象、不同范围具有不同的内涵和外延。从社会角度来看,基础性制度指的是宪法制度,一般性制度是依据宪法制定的其他各类制度。宪法作为一个国家的根本大法,规定了一个国家的社会制度、国家制度、国家机构、公民的基本权利和义务等,本质上规定了人们的生产关系,这些生产关系的性质又是由最稀缺生产要素的性质所决定的,以此为基础,产生了不同国家、同一国家不同时期的宪法制度和基于宪法制度的其他制度的差异,但宪法应保持其高度的稳定性。"形式意义上的宪法是一个庄严的文件,这样的一批法律规范,它们只有在遵守特殊规定下才能变更,而这种规定的目的则在于使这些规范的变更更加困难。实质意义上的宪法则由调整一般法律规范的创造,尤其是创造法律的那些规则所构成。"① 这里的一般制度也称为"制度安排",是指宪法制度下的各种具体制度,这些制度必须保持与宪法的一致性,至少不能与宪法发生冲突或矛盾,"安排可能是正规的,也可能是非正规的,它可能是暂时的,也可能是长命的。不过,它必须至少用于下列目标:提供一种结构使其成员的合作获得一些在结构外不可能

① 凯尔森《法与国家的一般理论》,沈宗灵译,北京:中国大百科全书出版社,1996 年,第 142 页。

获得的追加收入,或提供一种能影响法律或产权变迁的机制,以改变个人(或团体)可以合法竞争的方式。"[①] 在经济制度中,有人认为,产权具有极其广泛的渗透性和普遍性,"产权是任何个人、任何组织和任何社会都无法离开和无法回避的,它决定了个人和组织在社会经济生活中的地位,也表征着组织和社会的性质和特征。因而,产权制度是经济制度中最根本和最普遍的起决定作用的制度安排。"[②]进而产权制度也是基础性制度,在一定产权制度基础上形成的市场制度、企业制度和政府制度等现代重要制度安排,都属于一般性制度,这是从经济角度对基础性制度和一般性制度的理解和解释。

(3)按照制度与组织的关系,可以分为组织制度和组织化制度。组织制度是指以组织为载体、因组织的存在而存在、因组织的名称而得名、与组织共存亡的制度,如国家制度、企业制度、家庭制度等;组织化制度是指与组织的存在没有直接关系、不依组织的存在而产生、不因组织的名称而得名的制度,如市场制度、产权制度等。在制度与主体、制度与角色、制度与组织的关系上,在组织制度中它们是不可分离的,而在组织化制度中则是可以分离的,例如,离开国家就无所谓国家制度,离开企业也无所谓企业制度,而产权制度、市场制度则可以离开特定组织而存在,但个人、家庭、企业和政府仍然是产权主体、市场主体,"正是由于在这类制度中,制度和组织可以分离开来,因而,需要也必须分别加以考察。"[③]

(4)按照制度的经济功能,可以分为降低交易费用的制度、影响生产要素与所有者之间配置风险的制度、提供职能组织与个人

---

① L·E·戴维斯,D·C·诺斯《制度变迁的理论:概念与原因》,上海:上海三联书店、上海人民出版社,2000 年,第 271 页。

② 张曙光《制度、主体、行为——传统社会主义经济学反思》,北京:中国财政经济出版社,1999 年版,第 160 页。

③ 张曙光《制度、主体、行为——传统社会主义经济学反思》,北京:中国财政经济出版社,1999 年,第 131 页。

收入流之间联系的制度,以及确立公共产品和服务的生产与分配框架的制度。① 除了执行社会功能的制度(如国家安全制度、社会安全制度、外交制度等)外,还有执行经济功能的制度,由于其具体功能的不同,又可以有不同的类别。降低交易费用制度,如货币制度、期货市场制度,设立的目的在于通过货币计量、期货交易的规范,减少交易双方的摩擦,加快交易速度、减少交易中的谈判成本、契约成本、监督成本等;影响生产要素与所有者之间配置风险的制度,如公司、保险、契约等相关制度,分配了组织可能和实际面临的各项风险,从而调整相关者之间的经济利益;提供职能组织与个人收入流之间联系的制度,如工资制度、奖励与激励制度等,一方面确立了组织与该组织内个人之间的联系,另一方面建立了收入分配模式;确立公共产品和服务的生产与分配框架的制度,如教育制度、医疗卫生制度、交通运输制度、通讯制度等,规定了这些公共产品或服务的生产和分配格局,并使之尽量协调,以满足整个国民经济发展的需要。降低交易费用的制度、确立公共产品和服务的生产与分配框架的制度属于组织外部的制度,影响生产要素与所有者之间配置风险的制度、提供职能组织与个人收入流之间联系的制度主要是组织内部的制度,它们共同组成了宏观经济和微观经济的运行规则。此外,还有社会制度、政府制度、市场制度、企业制度、家庭制度等分类。

在上述制度分类中,名义制度与实际制度的划分,将制度实施中的形式与内容、必然性与偶然性紧密结合起来,为我们研究制度的变迁提供了有益的思路;基础性制度与一般性制度的分类,分清了制度的主次以及制度的关系,有助于把握制度的性质;组织制度与组织化制度的划分,对于分析制度与组织的关系、组织与市场的关系、组织与政府的关系,以及分析制度的稳定性等,提供了有益

① T·W·舒尔茨《制度与人的经济价值的不断提高》,《财产权利与制度变迁》,刘守英译,上海:上海三联书店、上海人民出版社,2000 年,第 253 页。

的工具;而根据制度的经济功能所作的分类,对于评价制度在推动经济发展过程中的地位与作用自有其独到之处。不管我们对制度作怎样的分类,除了分析、认识制度外,更重要的是利用和发挥制度的功能。

(三)制度的功能

功能是指事物的功用和效能,也就是事物的用处。某事物的存在是因为该事物仍然具有或发挥着其特有的功能,随着事物的发展,其功能也可能随之变化,当其功能消失或走向它的反面时,该事物也将走向死亡,而被更先进、更合理的事物所取代,制度的演进就是如此。可见,对事物功能的认识和分析,是研究该事物性质的不可或缺的重要手段。从不同角度来看,事物将具有不同的功能,制度也概莫能外,这里主要包括以下五个方面。

(1)规范人们行为,提供有效秩序。人类的任何活动都是有目的活动,个人(团体)的活动也是如此。但如果个人(团体)的活动无所顾忌、任意所为,社会将是一盘散沙,未来将充满无限的不确定性,将大大延缓人类的进步。制度作为人类设计的关于人的行为规范,确定了人们可以做什么、不可以做什么、怎样做等内容,从而规制了人们的行为界限,提供了人们的活动秩序,使得社会各种活动得以有条不紊地进行,一方面通过制度预期,有利于减少和消除未来的不确定性,维护社会的稳定性,另一方面也提高了人们的行动效率。"没有规矩,不成方圆"。

(2)设定本利结构,分析人们行为。制度本身也是一种规范结构,人们可以从制度中了解哪些可为、哪些不可为,遵守制度有何益处、违背制度将受到何种处罚,从而选择自己的行为方式,这是由制度具有一定的活动空间所决定的。人们的行为虽然是理性的,但人们的偏好各不相同,又由于人们认知能力的有限性,使得人们对客观事物的认识、理解和判断能力有所不同,因而在同一制

度下的行为选择也不尽相同、甚至大相径庭。但人们为什么选择
A 行为而不选择 B 行为,为什么选择甲活动而未选择乙活动?这
是由制度所创造的条件决定的,据此,我们可以通过实际制度与名
义制度的亲和度,分析人们行为的倾向及其原因,分析制度的有效
性,进而完善制度规则,更有力、有效地规范人们的行为,促进社会
的进步。

(3)节约交易费用,增加社会价值。一项制度的诞生和实施,
应有利于优化资源配置、有利于降低交易费用、节约人们的劳动时
间,否则这项制度必定是短命的。正如林毅夫教授指出:"制度最
基本的功能是节约,即让一个或更多的经济人增进自身的福利而
不使他人的福利减少,或让经济人在他们的预算约束下达到更高
的目标水平。"[1]制度的节约功能是通过规范人们的行为、提供一定
的秩序实现的。在此基础上,制度还具有增值功能。增值表现为
收益大于成本的差额。一项制度的创新,可能节约了交易费用,但
也可能增加交易费用,这就存在一个制度收益与制度成本的比较
问题。一般认为,交易成本是获得市场信息、进行谈判和签定交易
契约、对契约实施中的监督,以及必要时的调解和仲裁的费用。但
交易成本不等于制度成本,因为交易仅仅适用于市场制度,并只
是制度的一部分,制度作为某种规则,表现为某种共同信息,因此
制度成本可以理解为形成某种共同信息的成本,"在一般的制度
分析中,应该使用'制度成本'这个术语;而在对市场制度的分析
中,则可以在'交易成本'与'制度成本'之间混用。"[2] 由此,从理
论上分析,制度的增值功能可以表现为以下四种途径:收益增加、
制度成本稳定;收益稳定、制度成本降低;收益增加、制度成本也
增加,但收益增加的幅度大于制度成本增加的幅度;收益降低、制

① 林毅夫《再论制度、技术与中国农业发展》,北京:北京大学出版社,2000 年,第 17
页。

② 李建德《经济制度演进大纲》,北京:中国财政经济出版社,2000 年,第 164 页。

度成本也降低,但收益降低的幅度小于制度成本降低的幅度。第一种情况适用于某一项有效新制度实施的初期阶段,如改革开放初期农村联产承包责任制的制度增值模式;第二种情况适用于某项新制度实施的中期阶段,主要是人们所掌握的共同信息增多,契约谈判成本和监督成本等运行成本的降低所致;第三种情况适用于创新制度实施初级阶段,如我国构建市场经济体制以来的制度增值模式;第四种情况适用于某项制度实施的中后期,此时随着环境的变化,制度也变得老化起来,人们在研究新制度的同时,忽视对老制度的监管,其运行成本有所下降,但仍然有利可图,如城市引入承包制后期。当制度不适应环境变化或根本无效甚至负效应时,该制度的增值功能也将变成负数,这在我国的教训是十分深刻的,"大跃进""人民公社""文化大革命"等制度的失败,就是如此。从制度的总体发展规律考察,制度的总成本呈递增趋势,而平均制度成本是递减的,因为制度成本也包含固定成本和变动成本两部分,前者主要是人们长期积累和沉淀下来的传统习惯、道德、文化等,后者主要是掌握新制度、运行新制度所需要追加的成本,当然也包含一部分混合成本,如为了遵循一定的制度规则,对相关知识的学习所付出的成本等。在不同的分析对象中,其制度成本的指标和内涵应有所不同,"在比较企业制度的制度效率时,采用单位产出量的平均制度成本是合适的。在比较不同国家整体的制度效率时,以单位社会福利水平为依据的平均制度成本则是合适的。"[1]

(4)传递客观信息,共享制度收益。"制度是人类社会中的共同信息。只有经过社会化的过程,个人才能获得这些信息,并把社会的公共信息内化为个人的行为规则……人类个体通过共同信息而使合作关系得以形成,并把个人组成社会,以有组织的整体来更

---

[1] 李建德《经济制度演进大纲》,北京:中国财政经济出版社,2000年,第167页。

为有效地适应稀缺的环境世界。"① 因此,制度也是传递信息的工具,一个好的制度,应该是能够传递客观信息的制度,是一个能够优化信息处理的制度。同时,制度作为一种公共信息,具有公共产品性质,具有非排他性和非竞争性,制度的供应方不会获得制度所带来的全部收益,制度的消费方不一定付费,因而还具有外部性功能,即制度的使用可以是免费的,正因为如此,所制定的制度才能更快地普及,成为真正的公共信息,成为人所共知并进行选择的行为规则。有人认为,制度的功能之一是减少或消除外部性,以便使个人的成本与收益同社会的成本与收益尽可能一致,激励人们的创新。② 实际上,制度创新意识差、制度创新速度慢,并不是由制度收益的外部性造成的。例如,虽然某项制度对大多数人不合理或有损害,但这种损害分摊到个人时则变得相对较小,于是这部分人就没有积极性去进行制度创新,而少数既得利益者为了维护自身利益,则有积极性进行集体活动,从而保持了现有制度的存在和运行(如过去的人民公社制度),这同制度的外部性没有直接关系,相反,这一外部性即公共性,使得制度的实施具有更广泛的应用基础,可以从中获得丰富的实践信息,发现制度本身的问题所在,从而推动制度创新进程。

(5)克服个人理性,获得集体收益。制度作为一种共同信息,又是一定团体内各个成员的行为规则,这些规则的建立,将使该团体获得集体行动收益。这是因为:个人理性与集体理性并非总是一致的。个人为了追求其个人利益将采取有利于其个人、有损于集体的行动,出现"搭便车""磨洋工""道德风险"等问题,产生个人利益与集体利益的冲突。由于委托代理关系的存在,受托人总是比委托人掌握更丰富、更完整的信息,必然存在信息不对称,那

---

① 李建德《经济制度演进大纲》,北京:中国财政经济出版社,2000 年,第 142 页。
② 转引自程虹《制度变迁的周期——一个一般理论及其对中国改革的研究》,北京:人民出版社,2001 年,第 126 页。

么上述问题也是不可避免的;另一方面,委托代理关系的存在,又是以一定的制度为基础的。"为了减轻这些问题的影响,产生了一系列制度安排以实现监督、强制执行等功能。等级、合同和法律都是这方面的制度安排。"①

第二节 会 计

(一)会计的涵义

中华人民共和国成立以来,我国会计学界对会计的概念进行了长达数十年的研究探讨,形成了各种不同的观点和流派,同时对会计的范围或领域也有不同的认识。会计制度的研究必然涉及会计的概念和领域,涉及会计制度中"会计"的定位问题。

概括而言,我国关于会计的概念主要有"工具(方法)论""艺术论""管理活动论"和"信息系统论"等观点,这是大家所熟知的,笔者不做详细评论。笔者认为,人类要生存,就必须进行生产活动,就必然发生资源的耗费,而在资源有限、资源稀缺条件下,必然追求经济效益,要求客观、公正的会计信息。在商品货币经济环境下,一般将会计的概念表述为:会计是以货币为主要计量单位,以凭证为依据,借助于专门的技术方法,对特定单位的资金运动进行全面、综合、连续、系统地核算与监督,向有关方面提供财务信息、参与经营管理、旨在提高经济效益的一种经济管理活动。这一概念指出了会计的以下特点:一是以货币为主要计量单位;二是以凭证为依据;三是所提供的财务信息具有全面性、综合性、连续性和系统性。以货币为主要计量单位,使得会计所提供的财务信息具有高度的综合性;以资金运动为对象,使得会计的反映和监督具有全面性;以特定的专门方法,通过账簿的序时分类登记,使得各

---

① 林毅夫《关于制度变迁的经济学理论:诱致性变迁与强制变迁》,《财产权利与制度变迁——产权学派与新制度学派译文集》,上海:上海三联书店、上海人民出版社,2000年,第378页。

种会计资料具有连续性、系统性。会计不仅对已经发生和已经完成的经济业务进行计量、记录、监督,还要对未来的经济活动(各种费用计划、预算等)加以事前监督,参与企业的经济预测、决策、控制、考核和分析等。显然,我们这里的会计指的是会计工作,严格说是财务会计,不包括管理会计,更不是会计学。会计学意义上的会计,是指正确反映会计客体本质和规律性的系统化的知识体系。具有系统性不一定是一门科学,关键是系统认识的程度。企业、行政、事业单位等再生产过程中的资金运动作为会计的客体,其产权方面的本质属性,具有诸多层面的规律,这些规律的系统化的知识体系,构筑了会计学的高楼大厦,知识体系的丰厚程度,决定了这一大厦的高度、宽度及其结构。

(二)会计的分类

1. 按照服务对象不同,一般将会计分为营利组织会计和非营利组织会计

(1)营利组织会计。它是指有关营利组织的会计,包括各类企业会计。按照其报告对象不同,又分为财务会计与管理会计。其中,财务会计作为反映和监督资金运动的会计学分支,分为确认、计量、记录、报告四个环节。在这里,确认是将经济业务纳入会计账簿及报表体系的行为过程;计量是确定资产、负债、所有者权益、收入、费用、利润等会计要素的入账价值、出账价值、持有价值,以及计算成本、利润的行为过程;记录是按照专门的会计方法在会计凭证、账簿中记载经济业务的行为过程;报告是根据有关会计凭证、会计账簿的记录,编制财务会计报告并向有关会计信息使用者报告的行为过程。而管理会计是通过对财务会计资料和其他有关资料进行整理、计算和分析,对企业的资金、成本、利润等进行预测、决策、规划、控制、考核,向企业经营者和内部管理者提供相关决策信息的会计学分支。与财务会计不同,管理会计侧重于为企

业内部经营管理服务。管理会计的前身是成本会计。20世纪初，为了适应泰罗制管理方法的需要，在美国出现了标准成本会计，并逐渐形成以此为基础的执行性管理会计，直至20世纪50年代以后，形成了决策性管理会计，即形成以决策研究为核心内容，为企业正确进行经营决策、改进经营管理、全面提高经济效益提供信息与智力支持的管理会计，于20世纪70年代趋于成熟并逐渐定型化。[①]

（2）非营利组织会计。它是指不以营利为目的的政府机关和有关组织的会计，在西方指政府及非营利组织会计。其主要特征是：不以营利为目的；该组织通常由其委托人集体所有，其所有权不是由个人拥有可出售或交换的权益份额认定；其资源的提供者不一定对所提供的货物或劳务获得直接或部分回报；其政策决策是由所选出或指定的管理委员会一致投票作出的。其主要形式包括：政府机构，如联邦、州、县、市、镇、村和其他地方政府机关；教育组织，如幼儿园、小学、中学、职业技术学校、学院和大学等；健康和福利组织，如医院、疗养院、儿童福利组织、红十字会、联合服务组织；宗教组织；基金会等。[②]在我国，非营利组织会计称为非企业单位会计（过去主要是指与国家预算有密切关系的预算会计），是指除了企业会计以外的其他各种会计。财政部于1996年10月22日发布《事业单位财务规则》、1997年11月18日发布《事业单位会计准则》、1997年11月发布《高等学校会计制度》，1998年1月19日发布《行政单位财务规则》等标志着我国预算会计制度进入了新的改革时期，主要分为总预算会计、行政单位会计和事业单位会计三个部分。[③]

① 余绪缨《管理会计学》，北京：中国人民大学出版社，1999年。
② 罗伯特·J·弗里曼等《政府及非营利组织会计理论与实务》，王建英等译，北京：清华大学出版社，1999年。
③ 侯文铿等著《会计大典——非企业单位会计》，北京：中国财政经济出版社，1998年。

　　总预算会计是财政部和地方财政机关,核算和监督国家和地方各级财政总预算执行情况的一种非企业单位会计。包括预算收入的核算、预算拨款的核算、预算支出的核算、预算周转金的核算、预算往来款项的核算、预算外资金的核算等内容。行政单位会计是以行政单位发生的各项经济业务为对象,核算和监督国家预算资金的取得、使用及结果,为提高其社会服务效益的一种非企业单位会计。这里的行政单位包括各级权利机关、行政机关、审判机关、检察机关和各党派、政协机关等,其核算内容主要是从其上级机关取得经费、支出经费,以及相应财产物资的增减变动情况等内容。事业单位会计是核算和监督事业单位各项经济业务,为提高其宏观经济效益和社会服务效益的一种非企业单位会计。主要包括文化事业会计、教育事业会计、卫生事业会计、环境保护会计、社会团体会计和军队会计等。

　　2.按照会计内容的性质,可以分为会计工作、会计研究、会计教育、会计思想和会计市场

　　会计工作是会计机构、会计人员为完成一定的任务,采用相应的方法,对客观事物进行实践的活动,其中包括会计核算工作、会计管理工作和会计组织工作三个方面;会计研究是会计人员探索、创造和整理会计知识的工作,包括会计理论研究、会计教学研究、会计实务研究等;会计教育是会计教育工作者根据国家和经济事业发展的需要,为培养专门会计人才,对受教育者施行有目的、有计划和有组织的关于会计专业与相关的知识、技能的教学;[①] 会计思想是会计工作、会计研究、会计教育和会计市场运行中应该遵循的基本观念和理论,包括会计心理学、会计逻辑学、会计行为学、会计哲学、会计美学等思想;会计市场是直接为市场服务的会计中介机构的有关工作,主要指会计师事务所的有关理论和实务。这五

---

① 于玉林《现代会计结构论》,大连:东北财经大学出版社,1997 年,第 303 页。

个方面涵盖了会计的空间范围,表明了会计领域的宽度和深度。

也有人按照会计所涉及的空间范围,将会计分为宏观会计和微观会计。这里的宏观会计是指以整个社会为主体,对其再生产过程中的总资金运动进行核算与监督的会计工作,包括社会会计、社会责任会计、社会福利会计等,跨国公司会计、国家比较会计等也属于宏观会计。微观会计是指以独立的经济单位的资金运动为核算和监督对象的会计工作,营利组织会计和非营利组织会计都属于微观会计。实际上,社会会计是利用账簿等会计方法进行的以整个国民经济为总体的核算,是国民经济核算体系(SNA),应属于宏观统计学范畴;社会责任会计是利用会计形式,对企业经济活动对社会环境和职工所产生的影响进行的核算和监督工作,应属于微观会计活动;社会福利会计是研究有关国民物质文化生活的经济问题,包括投资、就业和市场等问题,"如一个地区的政府研究如何有效地利用运输投资,进行运输投资模型的计算(既方便经济,又保证有一个好环境),全地区福利基金的最佳运用,环境保护资金的使用核算与监督,等等"[1],这是投资学的问题;跨国公司会计虽然涉及国际的会计处理问题,但仍然没有脱离企业会计范畴;国际比较会计虽然以国家(地区)之间的会计模式比较为基础,但内容不是对再生产过程中的总资金运动进行核算与监督,也不是宏观会计,而是各国(地区)微观会计处理方式、方法等比较。总之,会计是对微观价值运动的核算与监督,不存在宏观会计,对有关宏观价值运动的核算与监督,应属于统计学或财政学范畴,因此我们所说的会计核算,就是微观会计核算。

会计的范围如此之广、种类如此之多,严格来说,都有一定的规则,但并非都在会计制度规范之列,这就存在一个会计制度的界定问题。

---

① 丁平准《会计管理新词典》,北京:经济管理出版社,1990年,第37-38页。

第三节 会计制度

制度是人为设定的行为规则,会计中也存在大量的行为规则,但不能说凡是与会计行为有关的规则都是会计制度,其中首先要厘清的是会计规范问题。

(一)会计规范

由于人们观察问题的角度不同,关于会计规范的概念和内容的认识也不尽相同。主要观点包括以下几个方面:

(1)意识形态论。在我国,较早地全面系统研究会计规范的是陈亚民博士,他认为:"几乎所有会计问题的处理都需要有一个外在的、统一的标准来指导,这个标准就是会计规范。"并将会计规范归纳为三层含意,即会计规范是引导和制约会计工作的标准,是对会计工作进行评价的依据,是引导会计工作向特定方向发展的一种约束力和吸引力。"我们可以给会计规范下个初步的定义:会计规范是在会计领域内起作用的一种社会意识形态,具有公认性、统一性、客观性、广泛适用和反复适用性,作为一种标准,他帮助会计人员解决如何工作的问题,为评价会计工作提供客观依据;作为一种机制,它是保障和促进会计活动达到预期目的的一种制约力量。"[①]并将会计规范分为会计原则、会计法规和职业道德三类,其中会计法规包括国家立法机构颁发的有关会计法律、各个政府部门颁发的有关会计条令条例等。

(2)协调统一论。"所谓会计规范,是指协调、统一会计处理过程中对不同处理方法作出合理选择的假设、原则、制度等的总和,它是会计行为的标准。"内容包括会计法、会计准则、行业会计制度、企业会计制度。[②]

(3)行为约束论。"会计规范是指所有能对会计实务起约束

---

① 陈亚民《会计规范论》,北京:中国财政经济出版社,1991 年,第 18-21 页。

② 吴水澎《会计学原理》,沈阳:辽宁人民出版社,1994 年,第 307、第 318 页。

作用的原则、准则、法规、条例和道德守则等的总和,是为适应会计实践活动需要而发展起来而又用于指导和约束会计行为的准绳。"包括会计的法律规范、会计的职业道德规范和会计准则规范三种规范类型。[①]

(4)工作标准论。"会计规范是进行和评价会计工作的标准。"包括会计法规、会计制度、会计惯例和会计职业道德四个部分。[②]

(5)标准模式论。"会计规范是会计在漫长的社会实践中,依据其自身的特点,为满足实现会计目标内部需要以及为满足会计外部的要求(即会计系统之外的要求,例如,投资者、债权人、社会公众、政府有关机构等对会计信息的要求)而逐步建立起来的,使会计程序和方法标准化和模式化的一系列会计法规、法律、职业道德、准则、制度、条例的总和。"[③]包括会计法律规范、会计伦理规范、会计技术规范、会计准则规范、会计制度规范等。

应该说,上述观点体现了人们站在不同角度对会计规范的认识。第一种观点突出了会计规范的特征,其他观点无一例外地强调了会计规范的标准性、约束性,但在会计规范结构的认识上差异较大。笔者认为,首先,将会计原则作为一种广义的理解而单独作为会计规范的一部分,尤其是作为标准、规律、原理,作为会计人员的自律性规范,[④]有失其合理性,因为会计原则是一种外在标准。其次,行业会计制度是企业会计制度的表现形式,二者具有共同的性质,没有必要分开列示。第三,伦理作为人际关系中应遵循的道德准则,实际上属于道德范畴,会计伦理规范就是会计道德规范。第四,"会计技术就是人们从事会计管理活动或加工生成会计信息时所使用的一系列方法、程序和手段。会计技术规范是会计技术

---

① 汤云为、钱逢胜《会计理论》,上海:上海财经大学出版社,1998年,第49、第72页。
② 于玉林《现代会计结构论》,大连:东北财经大学出版社,1997年,第218、第221页。
③ 王开田《会计规范理论结构》,北京:中国财政经济出版社,2001年,第3页。
④ 陈亚民《会计规范论》,北京:中国财政经济出版社,1991年,第33页。

应用时应遵守的技术标准和规则",并表现为法律形式、准则形式、制度形式和惯例形式。[①] 既然如此,会计规范已隐含在相关规范中,与相关规范不是平行关系,因此不应单独作为一种规范种类而与其他规范并列。第五,会计法规作为一个整体,由会计法律、会计行政法规、地方会计法规和会计规章四部分构成。为了更清晰地认识会计规范,根据《中华人民共和国立法法》和《法规规章备案条例》等规定,下面我们作一简要的梳理。

会计法律是由国家最高权力机关的常设机关——全国人民代表大会常务委员会制定的用来调整我国经济生活中会计关系的法律总规范,由国家主席签署主席令公布,目前在我国施行的主要是1999年10月31日第九届全国人大常委会第十二次会议修订的《中华人民共和国会计法》,它是所有会计法规中最高层次的法律规范,是制定其他会计法规的依据,是指导会计工作的最高准则,此外还有《中华人民共和国注册会计师法》。会计行政法规是指由国务院组织起草,以国务院的名义、由总理签署国务院令公布的全国性会计法律规范,如《总会计师条例》《财务会计报告条例》等。地方会计法规是指省、自治区、直辖市和较大的市(指省、自治区的人民政府所在地的市,经济特区所在地的市和经国务院批准的较大的市)的人民代表大会及其常务委员会发布的在所属区域内发挥效力的地方性会计法律规范,如1995年12月26日河北省第八届人民代表大会常务委员会第十八次会议通过并发布的《河北省会计条例》等。会计规章是指由国务院各部委和省、自治区、直辖市和较大的市的人民政府制定的有关会计工作的规范性文件,包括部门会计规章和地方政府会计规章两类。部门会计规章是指国务院各部委根据会计法律和国务院的行政会计法规制定的会计规范文件,其中财政部作为主管全国会计工作的国务院所属职能

---

① 王开田《会计规范理论结构》,北京:中国财政经济出版社,2001年,第149-156页。

部门,是制定全国性会计规章的主体部门,负责制定全国范围内的会计规章,如制定、发布和实施《企业会计准则》《企业会计制度》等,国务院其他有关部门也可以制定属于其职责范围内的会计规范文件,但必须报财政部审核批准;地方政府会计规章是指省、自治区、直辖市和较大的市的人民政府根据有关会计法律法规,结合本地具体情况所制定的会计规范文件,如天津市人民政府于 1996年发布实施的《天津市会计基础工作规范化考核实施办法》等。为了简明起见,我们将上述会计法规的结构归纳如表 1-1。

表 1-1

	类别		举例	发布者
会计法规	会计法律		《中华人民共和国会计法》	全国人大常委会
	会计行政法规		《企业财务会计报告条例》	国务院
	地方会计法规		《河北省会计条例》	河北省人大常委会
	会计规章	部门会计规章 财政部会计规章	《企业会计准则》《企业会计制度》	财政部
		其他部委会计规章	《铁路运输收入会计规则》	铁道部
		地方政府会计规章	《天津市会计基础工作规范化考核实施办法》	天津市人民政府

可见,无论会计准则还是会计制度,都是会计规章的组成部分,不应独立于会计法规之外。当然,会计法规是一种成文的关于会计行为的硬约束,其不同构成部分的约束程度和约束范围是有所差异的,但只有这些外在的硬约束还远远不够,还需要各单位根据自身的具体情况因地制宜地制定会计规范形式(单位会计制度)和内容,需要附之以会计惯例、会计职业道德等软约束。为此,笔者认为,会计规范就是约束和规范会计实务工作的规则,包括相对

独立又相互联系的会计法规、单位会计制度、会计惯例和会计职业道德等四个部分。其中既有强制性规则，也有自律性规则；既有成文的规范，也有不成文的规范。而会计制度作为会计规范的核心内容之一，是会计规范中具有强制性、成文性的基础性规范，在会计规范中具有十分重要而不可替代的作用，但关于会计制度的概念、特征、范围及其与相关规范的关系等，至今十分模糊，理顺这些关系是笔者的一项十分艰巨而又必须完成的任务。

(二)会计制度的概念

从制度的涵义看，凡是与会计有关的规则都应列入会计制度范畴，如有关会计法律制度、会计核算制度、会计人员管理制度、会计工作组织制度、会计监督制度等，笔者着重研究的是企业会计制度中的会计核算制度(以下称会计制度)，其基本原理和主要理论也同样适用于非企业会计制度。由于认识的角度不同，人们对会计制度概念的认识也不尽相同。总体来看，有广义和狭义两种观点。

(1)广义会计制度。这是从会计规范的较宽边界定义的会计制度，其主要特征是将会计法纳入会计制度范畴。例如，董惠民教授认为："会计制度就是指在会计核算和会计监督中，所有与经济事项有关的成员都要遵守的程序和规矩""会计制度是进行会计工作的规范和准则，是会计工作的规则、方法和程序的总称，是经济管理制度的重要组成部分。"并将会计制度内容界定为会计法、会计准则和行业会计制度、企业会计制度三部分，其中的会计准则和行业会计制度包括基本会计准则、具体会计准则、行业会计制度、股份有限公司会计制度和会计制度补充规定。[①]廖洪教授也认为："会计制度就是处理会计业务所必须遵循的规则、方法和程序的总称，是从事会计工作的规范和标准。"将会计制度的内容分为

---

① 董惠民《企业会计制度设计》，上海：立信会计出版社，2001 年，第 1-13 页。

综合性会计制度(包括会计法、注册会计师法、企业会计准则、会计档案管理办法等规范全国会计工作的法规和制度)、业务性会计制度(包括具体会计准则、行业会计制度等)和会计人员制度(包括总会计师条例、会计人员职权条例等)三类。[①]

（2）狭义会计制度。这是主要从规章角度定义的会计制度，其主要特征是将《会计法》排除在会计制度之外。早在 1984 年，江友三教授就认为："所谓会计制度，是每一会计主体进行会计管理的会计核算组织体系。它规范会计核算工作的内容、形式、原则、方法和程序，是会计工作必须遵循的准绳。"将会计制度限定在微观单位。[②] 李玉明教授认为，会计制度是"进行会计工作应遵循的统一规范、原则和规定"。将会计制度的内容细分为会计工作的基本原则、会计科目和说明、账务处理程序、成本计算规程、内部控制制度、会计分析方法、会计档案管理规定、会计机构设置、会计人员分工及其职责、财产清查办法、内部结算制度、计算机会计等。[③] 徐政旦教授等也将会计制度限定在企业单位，认为："会计制度是对进行会计工作的规则、方法和程序所制定的规范性文件。"并将会计制度看作一个系统，将会计制度的内容概括为三个方面：会计组织机构及其岗位设置；会计凭证、会计账户、账簿、会计记账程序和结账程序及会计报表；按照经营业务循环特点分类的会计处理程序。[④] 此外，还有将财政部颁布的"两则两制"也纳入会计制度范畴的意见，形成较为宽泛的会计制度概念，例如，于玉林教授认为："会计制度是组织和从事会计工作所应遵循的规范，是依据会计法律和会计行政法规，以实际会计工作的要求来制定的。"将会计制度分为国家财政部制定的"两则两制"和企业、事业等单位依据会

---

① 廖洪《新编会计制度设计》，北京：中国审计出版社，1997 年，第 1 页、第 18-19 页。

② 江友三《会计设计导论》，济南：山东人民出版社，1985 年，第 1 页。

③ 李玉明《会计制度设计》，北京：中国经济出版社，1994 年，第 2 页。

④ 徐政旦等《会计制度设计》，上海：上海财经大学出版社，1996 年，第 1-2 页。

计法律法规建立的具体会计核算制度和财务管理制度。[①]王开田博士也有类似的观点,差别主要是剔除了财政部制定发布的《企业财务通则》和行业财务制度。"会计制度是约束人们会计行为的一系列规则,包括国家制定的国家统一会计制度和企事业单位制定的内部会计制度(称为会计制度设计)两个层次。"其中国家统一会计制度包括会计准则和行政事业单位会计制度等会计核算制度、会计机构和会计人员制度、会计工作管理制度。[②]

(3)我的会计制度观。从本质上说,制度是约束人们特定行为的行为规则,从这个意义上分析,似乎凡是与会计行为有关的规则都可以而且应该纳入会计制度范畴,不仅包括会计法,还应包括公司法、证券法、各种税法等法律中有关会计的规则。但法律作为调整社会经济生活中人与人之间权利关系的规范,是国家强制力保证执行的行为规则,立足于社会分配的公平、公正。会计法作为调整我国经济生活中会计关系的法律总规范,是从会计信息的宏观作用上对会计信息真实性、完整性的规范要求,其他有关法律中所涉及的对会计的规范要求,都是以保证宏观调控、宏观经济运行的平稳和效率为基本出发点,而会计工作属于微观范畴,其具体行为规则要求以更详细的法规规章来规范,会计法等法律层次的法律不应纳入会计制度之列。因此,笔者比较倾向于狭义会计制度概念,但具体会计制度涵义及其界定应重新分析。

我们知道,会计核算包括密不可分的会计确认、会计计量、会计记录、会计报告四个环节,完整的会计制度也应该是这四个环节的统一体,而与此关系最密切的是"两则两制"。财务通则和行业财务制度是以企业为对象的规范,具有较强的完整性和系统性,本质上是规范会计的确认、计量问题;会计准则是以交易、事项为对象,对会计计量、会计确认和会计信息披露的规范,总体上说,财务

---

① 于玉林《现代会计结构论》,大连:东北财经大学出版社,1997年,第224页。
② 王开田《会计规范理论结构》,北京:中国财政经济出版社,2001年,第230-231页。

制度和会计准则都是会计确认制度;而行业会计制度主要是会计记录和会计报表的规范,本质上是"簿记"制度,是会计信息生成的制度。"'簿记'是在本子上保持记录,即记账的意思。而'会计'则是叙述理由,即说明为什么要这样记账。在 20 世纪 50 年代,我国会计书籍中,一般是将'会计'与'簿记'混用,这与当时把会计的作用局限在记账、算账的范围有关。"直到 80 年代以后,我们才开始区分簿记和会计,[①]但由于习惯等原因,仍将本质上属于簿记制度的"行业会计制度"称为会计制度。因此,笔者不同意只将会计制度限定为企业内部会计制度(如江友三、李玉明、徐政旦等教授的观点),但同意将财务通则、行业财务制度作为会计制度的组成部分。理由是:将会计制度仅仅限定在企业内部,显然过于狭窄;而财务通则实际上规范的是有关会计确认、会计计量问题,不是财务本身的问题,行业财务制度作为财务通则的具体化,自然也是如此,这些内容已纳入 2001 年财政部颁布的《企业会计制度》之中,财务通则、行业财务制度实际已被会计制度中的有关确认、计量内容所取代,本质上属于会计制度的一部分。其次,会计准则作为会计确认、会计计量和报告为主的会计行为规范,虽然以交易、事项,而不是以企业单位为规范对象,但企业是无数交易、事项的集合体,会计准则最终还是对企业会计行为的规范,也是会计制度的一部分。第三,我们通常所讲的会计制度,实际上是财务会计核算制度(笔者也采用这一概念,在没有特定说明的情况下,以下说称"会计制度"即指财务会计制度),此外还有成本会计核算制度,管理会计制度,关于会计机构、会计人员、单位内部会计管理等方面的制度规范,如《总会计师条例》《会计基础工作规范》《会计档案管理办法》《会计人员继续教育暂行规定》等。其中,《会计基础工作规范》《会计档案管理办法》是与会计记录直接相关的会计制

---

① 丁平准《会计管理新词典》,北京:经济管理出版社,1990 年,第 30 页。

度,应该包括在会计制度之内;《企业财务会计报告条例》虽然直接、具体规范了企业财务会计报告的构成、编制、对外提供及其法律责任,但它是由国务院颁布的,属于行政法规范畴,更重要的是它界定了有关法律责任,不属于规章之列,不纳入这里的会计制度范畴。第四,根据单位性质不同,会计制度也应分为营利单位会计制度和非营利单位会计制度,笔者所采用的会计制度概念也以此为范围,但以营利单位会计制度为主线进行探讨。

综上所述,会计制度应该涵盖会计确认、计量、记录和报告全过程。因此,笔者所讲的会计制度,是指直接规范微观主体如何进行会计对象要素的确认、计量、记录、报告及其存储的规则。这一概念表明,会计制度规范的客体是会计行为,由此与会计鉴证制度区别开来;规范的方式是直接规范应该怎样,与会计法、财务会计报告条例区别开来;规范的对象是微观主体,将企业单位、非企业单位均纳入会计制度规范之列;规范的内容是会计对象要素的确认、计量和会计资料的加工、输出、存储,既包含了会计核算的四个基本环节,又纳入了会计资料存储的规范,形成系统、完整的会计资料循环规范,目的是保证会计资料的真实、完整,从而体现了会计制度与会计法律法规的内在联系和一致性。这里既包括财政部、国务院其他部委、地方人民政府制定的三个级次的规章级会计制度,也包括企业内部制定的会计制度,是以会计对象要素的规范为主的国家统一会计制度和企业内部会计制度两个层次的会计制度体系,是以会计核算四个环节为核心的规范结构,由此形成了一个网络化的会计制度结构。

(三)会计制度的分类

分类作为认识事物的重要方法之一,是我们研究问题时不能回避的。由于对会计制度概念的认识和理解不同,会计制度的范围界定也不相同,进而引起会计制度分类的不同。根据笔者对会计制度的理解,将现行会计制度作如下六方面的分类。

（1）按照会计制度的制定权限,分为国家统一会计制度和基层单位会计制度。根据会计法第五十条的规定:"国家统一会计制度,是指国务院财政部门根据本法制定的关于会计核算、会计监督、会计机构和会计人员以及会计工作管理的制度。"即国家统一会计制度主要由财政部制定并公布,"国务院有关部门可以依照本法和国家统一的会计制度制定对会计核算和会计监督有特殊要求的行业实施国家统一的会计制度的具体办法或者补充规定,报国务院财政部门审批。中国人民解放军总后勤部可以依照本法和国家统一会计制度制定军队实施国家统一的会计制度的具体办法,报国务院财政部门备案。"说明国务院财政部以外的部委也可以制定相关会计制度,各省（市）人民政府征得财政部授权后,也有权制定国家统一计制度的具体规定,[①]从而保证了国家统一会计制度的统一性,有利于会计信息的可比性。可见,按照会计法的规定,财政部作为主管全国会计工作的政府部门,是制定和颁布国家统一会计制度的合法主体。因此国家统一会计制度的制定权限分为财政部、国务院其他部委（地方人民政府）两个层次,其权限也依次降低,所制定的相关会计制度的有效范围也依次缩小,但其强制约束性是共同的。而基层单位会计制度则是在不违背国家统一会计制度的前提下,结合本单位具体情况制定的有关会计政策、会计科目使用、凭证与账簿的设计选择等相关规则,其约束性自然只限于本单位。这一分类,有助于我们了解和分析会计制度的来源结构,全面把握会计制度的走向。总的说来,国家统一会计制度具有适应面广、规范共性业务、强制范围大等特点,基层单位会计制度具有适应面窄、规范个性业务、强制范围小等特点。

（2）按照会计制度的制定主体,分为部门规章级会计制度、地

[①]《中华人民共和国会计法讲话》编写组《中华人民共和国会计法讲话》,北京:经济科学出版社,2000年,第61-62页。

方规章级会计制度和基层单位级会计制度。这是与上述分类相适应、相联系的一种分类。其中,部门规章级会计制度指财政部以及其他部委制定颁布的会计制度,地方规章级会计制度指地方人民政府制定颁布的会计制度。同过去相比,没有了地方人民代表大会及其常务委员会制定颁布的地方法规级会计制度,这是强化会计制度统一性、增强会计信息可比性的需要。这一分类,可以使我们清晰地从制定主体中认识到会计制度的级次,认识到会计制度的分层关系及其隶属关系,为整体把握会计制度建设提供了一个平台。多头领导、政出多门必然干扰政策的一贯性,削弱政策运行的有效性。会计法的修订,从制定权限上约束了会计制度的制定主体,集中体现为政府主体和基层单位主体两个方面,但这一改革仍存在一些不足之处值得我们进一步研究探讨。

(3)按照会计制度的制定基础,分为企业单位会计制度和非营利组织会计制度。这一分类是建立在营利组织与非营利组织基础之上的。现行企业单位会计制度由财政部等国务院部委颁布的有关企业会计制度和企业自身制定的会计制度两个层次。其中财政部颁布的会计制度又包括两类,一类是1993年7月1日实施至今的行业会计制度,另一类是打破行业的统一会计制度(包括2001年1月1日暂时在股份有限公司施行的《企业会计制度》、2002年1月1日在上市金融企业施行的《金融企业会计制度》和正在制定之中的《小企业会计制度》)和体现行业特点的具体会计核算办法(正在制定之中)。非营利组织会计制度是各类非营利单位会计制度,如《高等学校会计制度》《中小学校会计制度》《社会团体会计制度》等。这一分类,有助于我们认识两类会计制度中在会计核算基本前提、会计核算原则,以及会计确认、会计计量、会计记录、会计报告等方面的差异,有助于构建科学合理的会计制度体系,解决会计工作中的实际问题。

(4)按照会计制度的稳定性,分为相对稳定会计制度和临时补充会计制度。任何一项会计制度从酝酿、起草、定稿、颁布,直至实施,均需要一定的时间消耗,此期间有关制度环境可能发生这样或那样的变化,造成已颁布制度的规范内容、规范方式、规范要求等与实际情况不相吻合,但该差异并不影响制度的整体运行效率和运行效果,由此便产生了一些补充规定,如《企业所得税会计处理的暂行规定》(财会字〔1994〕25号),《股份有限公司会计制度有关会计处理问题补充规定》(财会字〔1999〕35号),《企业以非现金资产抵偿债务有关会计处理规定》(财会字〔1999〕43号)等。随着国家统一会计制度的这些变化,企业自身会计制度自然也要进行相应的调整,作出一些补充规定。这种相对稳定与临时补充并存的会计制度格局,体现了相对与绝对的关系,反映了客观现实的特点,这一分类对于我们认识会计制度的变更、演进及其与客观实际的吻合度,总结会计制度规律,是一把不可或缺的钥匙。

(5)按照会计制度的规范性质,分为基础性会计制度和职能性会计制度。基础性会计制度是为具体会计核算规范提供基础保障的有关制度,目前主要是《会计工作基础规范》和《会计档案管理办法》,前者提供了会计核算的基础环境规范,标志着会计核算的起始环境和基本要求;后者界定了会计信息及其载体的储存与使用,标志着会计核算的终结。职能性会计制度是指各项专业会计制度。这一分类强调了会计制度的基础制度与具体专业制度的区别,有助于研究会计制度效用及其优化。

(6)按照会计制度涉及内容的范围,分为综合会计制度和单项会计制度。综合会计制度是规范内容比较完整、系统的会计制度,如《事业单位会计准则(试行)》《事业单位会计制度》《财政总预算会计制度》《企业会计制度》等;单项会计制度是就某个方面的会计行为制定的会计制度,如《政府性基金利息收入财务处理问题的通知》《商业银行呆坏账和投资损失核销有关问题的通知》《信托投资公司清产核资资产评估和损失冲销的规定》《外商投资企业采购国产设备退税和接受捐赠有关会计处理规定》《天然林保护工程财政资金会计处理规定》等。这一分类体现了一般与特殊的辨证关系,对我们认识会计事物的总体与个体的关系、处理不同性质交易事项的会计规则提供了新的视角。

第二章　我国会计制度的发展变迁

第一节　我国古代会计制度的产生与变迁

（一）会计行为的起源

1. 会计行为的萌生

据考古记载,大约在 100 万年以前,中华民族的祖先就已经开始在中国广袤的土地上辛勤劳动并繁衍生息。当时生产力水平极其低下,人类连基本的生存问题都无法解决,因此也就不可能产生计量、记录方面的想法,自然,最初的会计行为也没有发生。当人们的生活资料逐渐变得丰富,在满足日常生活的情况下还有剩余时,人们才开始去关注和计量劳动成果。随着原始社会进化到氏族社会,生产力水平有所提高,人们已经能够把自然界的东西逐步加以改造,或再生产出来,用以改善和提高自己的生活水平。尤其是到旧石器时代晚期,人们不仅能够正常生产食物、衣服、住房等生活资料,还能够将其生产出来的生活资料加以运用,保证人们正常生活的需要。根据考古发现和考古学家推断,当时山顶洞人的生产工具除了石制器具外,还有比较细致的骨器,山顶洞人除了进行渔猎活动外,还会通过选材、打制、钻孔、着色等工序制造出各式各样的装饰品,由此催生了人类在计量和记录行为方面活动的出现。

可以说,这个时期,伴随着生产力水平的逐步提高,人们已经开始有意识地进行记录并计量。但在当时,这种简单的记录与计量行为只是个别人的偶然行为,不具有普遍性。学界普遍认同的一种观点是,人类早期的会计行为从旧石器时代开始萌生。

2. 母系社会的原始计量、记录行为

人类社会进入到母系社会之后,生产资料和生产收获物归部落集体所有,部落里的全体成员集体劳动,共同享用劳动产品。作为部落首领,要保证氏族的正常繁衍,首先要解决生活资料的储藏与分配问题。当时人类处于采集经济阶段,为了解决越冬之际食物的储藏、分配问题,需要有计划地多采集些果子储存到山洞里,保证秋天采集到的果子够大人小孩吃到来年春天之时。当许多果实堆放在一起的时候,母系氏族的首领首先要考虑的是如何分配和储备果实,要解决这些问题,就需要制定具体的计划,而要把具体的计划变为现实,就需要进行计量和记录。当时人类社会尚处于未开化状态,加之生产关系简单,人们还未曾想到借助生产工具进行记录,母系氏族的首领只是在头脑中对这些采集到的自然果实先进行简单的筹划,再根据头脑中的筹划进行分配。由此可见,人类最初的账薄是人的头脑。

伴随着社会生产力的进一步提高,母系氏族部落里的首领除了要掌管生活资料的分配外,还要统筹食物的加工,以及丧葬、生育事物的安排。在处理日益复杂的生产、分配过程中,氏族首领单凭头脑计算和记事已经无法应付,一次次失败的教训促使她们不得不想方设法在头脑之外找寻一种新的能够解决记事与计量的方法。当大脑储量不堪重负的时候,人类自然想到借助于外物进行记录,如记载到石头上或在木板上进行笔画计数。考古学家据出土的山顶洞人制作的刻有各种纹路的鹿角棒断定,当时的人类很可能已经有符合当时生产力水平的计量与记录方法。

据史料记载,至今已发现的人类最早用于计量记录的符号为:① 捷克的摩拉维亚洞穴的幼年狼胫上刻画符号(距今 2~3万年);② 非洲乌干达与扎伊尔交界处的"伊尚戈骨头"(公元前8500 年)。而我国有记录最早用于计量记录符号的遗址为:① 旧石器时代北京周口店龙骨山山顶洞人在鹿角棒上刻下的弯曲或平行的浅纹道和四块骨管上的豁口；② 中国山西峙峪人在骨片上的绘图记事。考古成果证实了在旧石器时代的中晚期人类已经进入原始计量、记录时代——简单"刻记记事"时期。

3. 父系社会产权私有引起原始计量目的的变革

当人类社会从母系社会发展到父系社会，男子代替妇女成为氏族里的主要劳动力，直接推动了社会生产力的发展，生产工具不断改进，耕地面积不断向外扩大，社会生产进步速度较快。这一时期最有意义的变化是手工业与农业的分工，二者的分离促使了直接以交换为目的的商品生产的出现。当时存在于氏族部落的剩余产品，虽然表面上有一部分仍然是作为公共的积蓄，属于全体部落成员所有，但是某些在部落里有权势的家长和部落的首领，通常利用他们拥有的职权，采用各种手段将共有财产化为己有，财产私有化的观念在这一时期开始显现。私有财产带来了频繁的交换，在多次的交换之中，人的头脑也逐渐变得复杂。那些富有的人们，作为经济学上的"理性人"，开始考虑如何去保护这些财产的安全，更重要的是，如何去扩大自己的私有财产。这种想法对原始的计量、记录方法提出新的要求。对内保存时，他们会小心翼翼地在财产上进行专属于自己的标记，与别人的财产进行区分，便于自己掌控；对外交换时，由于财产所有权要进行转移，他们自然对财产的计量与记录方法的运用更为敏感。当时的渔猎经济有所发展，人们结绳为网，捕鱼活动较为频繁，捕鱼所用之绳轻便且易于携带，为计量与记录方法的创制和发展提供了新思路。人们将绳子结为不同形状用以代表不同实物，并在这些不同形状的绳子下面打结，以结表数，用来记录实物数量的增减变化。可以说，"结绳记事"之制是父系社会里最主要的计量与记录方法。

综上所述，随着生产力水平不断提高，商品经济出现，会计活动由最初的人类偶然行为发展到头脑筹划，再到借助于外物，由"刻记记事"到"结绳记事"。随着财产私有观念的产生，导致了母系社会与父系社会人类会计计量目的的差别。在私人占有财产现象没有出现的母系社会里，人们计量、记录财产，仅仅是为了维持现有的生活以及合理地分配财产，只是单纯地出于管理生产、管理生活的目的，保障大家共同的生存。当父系社会的私人财产制度出现之后，私有财产的占有者就开始把对经济生活的计量与记录方法作为保护个人私有财产的一种主要手段，以求保护和不断扩大私有财产。基于当时偶然的、随机的会计行为，产生变化的主要是记事行为的形式，只在个别人的思想行为中存在，还未有统一规范，所以也并未有相应的会计制度的出现。

（二）会计制度的初创与变迁

随着社会进一步发展，进入夏朝，国家出现了。国家需要收取赋税，会计制度才有了得以生长的土壤并逐步发展起来。笔者将古代会计制度分为以监督为目的的"官厅会计"制度和以管理为目的的"民间会计"制度两条线索来进行探讨。

1. 会计制度的产生

（1）官厅会计。"官厅"为处理国家事务之机关，"官厅会计"包括国家会计事务机关和国家会计事务工作。夏朝是历史上第一个出现国家的朝代，国家的出现带来了官厅会计部门的问世。当时，国王和奴隶主贵族意识到，要想从奴隶那儿获取更多的谷物，有效地监督奴隶们劳动，就必须建立起一些必要的经济制度规范计量与记录方法。据史料记载，自夏代以来，国家的统治者就非常关注财政经济，他们将国家财政收支的考核作为一项重要任务，夏朝建立贡赋征收制度，规定以五十亩为一耕作单位，按照百分之十的比例纳税上贡，传说夏朝宫廷里设置"百官"，有专门管理财政收支的官员。这种出于国家行为的计量、记录行为，是我国"官厅会计"的雏形。

（2）民间会计。当原始交换关系发生之后，各个家庭，尤其是那些产品略有富余的家庭,进入了交换领域,随之家庭经济的核算显得尤为重要。他们不仅通过核算达到了保护财产的目的,而且也为了不断扩大其私有财产,通过记录开支的方法来安排处理家庭生产和生活。于是,这类围绕着私有财产计算的家计核算便成为事实,它与官厅会计对应,我们称之为民间会计。夏代民间会计的发展状况由于史料不足,已无据可考,商代出现主要从事奢侈品长途贩运的行商,为了计算买卖的盈亏,他们通常用"朋来"和"得贝"表示收入或盈利,用"朋亡"和"丧贝"表示支出或亏损。这是人们在商品交换过程中自发形成的核算意识,是一种自发形成的会计制度。

2. 官厅会计的变迁

夏、商两代,由于史料不足,官厅会计无法仔细考究。西周是我国奴隶社会经济发展的鼎盛时期,"会计"二字,就是起源于西周时代。笔者主要从西周时期梳理我国官厅会计的发展演进。

(1)会计组织机构的建立与发展。西周时期,国家出于控制政治经济的需要,专门建立了财计组织机构。《周礼》中详细记载了周王朝的财计组织的架构、职能和分工状况:在会计组织机构中,司会为计官之长,对周王朝的财政收支进行全面核算;司会之下设有司书,具体主管会计核算,相当于现在的出纳;出纳细分为九个部门,即"九府出纳",这九大部门控制了整个周王朝的财务收支。从《周礼》一书中可见,西周的财计组织已经构成了一个比较严格的会计管理系统。《周礼》实际上是战国时期的人所作,因而融合了战国前各个时代的财计组织制度,我们把上述财计制度看作是从西周到战国时代的基本事实。

秦汉时代是我国封建社会的初步发展时期,秦朝将国家财政与皇室财政分为两套体系,建立两套账簿,实行财政收支归口管理,既各自独立,又相互调剂,这是秦汉时期对会计财计组织的一大创举。隋唐时期,我国的财计组织系统得到了完善,唐朝中央政府财计组织各部门之间分工明确,并设有审计部门对财务收支进行监督,这是前所未有的进步。明朝大体承袭元朝官制,财计组织较元朝有所改进,设有分管会计、出纳和户籍记账的主管部门。清朝会计制度主要依靠国家财政和皇室财政两种不同的财政体系进行管理,实行分算管理的方法,它继承秦汉时期的会计制度,并在此基础上设立户部专门管理财政。光绪三十三年,户部改称为度支部,其下设立十司,税务征收由田赋司管理,会计司则负责会计核算和内部审计等事务。同年,省财政处设立,隶属于度支部,这次对财政部门的明确命名是我国财计组织建设的开端。

(2)会计记账方法的变化。中国古代的会计记账方法,是指将发生的经济事项记录到账簿中的方法。西周时期,"以参互考日成,以月要考月成,以岁会考岁成",意思为在对当日发生的经济事项加总考核后,以一个月为周期对"日成"进行汇总考核,以一年为周期对"月要"进行总合考核。春秋战国时期,会计记账方法开始规则化,作为会计记录符号的"入""出"二字,已经开始置于每项经济活动之前,这是我国会计记账方法的一大进步。秦代将经济业务细化地更加清楚,在沿袭春秋时期会计记账方法的基础上,"入禾""入粟""入皮""入钱"是对"入"字的补充说明,"出禾""出钱"等也表明了具体的开支。汉代记录流水"账",将每笔经济事项按发生时间的先后顺序记录在账簿中,对一定时间内所发生的总额进行汇总、结算余额。唐代是我国单式记账法的完善时期,但又不拘一格,有意识地通过改变记账方法全面反映经济业务活动,对每一笔经济事项的记录,一般仍遵循旧习集中反映它的一个主要方面,但出于方便核算与管理的需要,并不排斥对两个方面同时记录。宋朝最具有代表意义的是出现了"四柱结算法"。"四柱结算法"是中式会计方法体系的精髓,它集中归结了中式会计的基本原理,能科学系统地反映经济活动发生的全过程,这是中式会计方法的一大突破。明代官厅会计的核算方法吸收了民间会计记录简明扼要的特点,一般前列时间和会计记录符号,次列会计事项内容的简明摘要,说明经济事项发生的原因,最后依次摆列数量、单价和金额,在会计记录中注意突出会计事项的主体部分。清代官厅会计记账方法仍然受到民间会计记账方法的影响,经历了由"龙门账"到"四脚账"的转变,继承了"四柱结算法"中结账与平账的方法,突出了中式会计记账方法的特点。

总之,随着国家政治体系日趋繁杂,经济活动越来越细化,古代官厅会计组织逐步形成了庞大、严密的系统,会计记账方法也由简单记录逐步规范,至清末,我国官厅会计已经基本形成了性质明确、责任分明的中式记账方法。

3. 民间会计组织的变迁

原始社会的经济处于极其简单的状态,当时所谓的家庭核算,一般仅作为家长的附带工作进行。春秋战国时期,手工业方面形成了官营与私营并存的局面,私商势力更为活跃,出现了许多贱取贵卖的富商,那些私人经营者由小到大,雇工操作,核算费用,家累千金,富比王侯,这些人不仅在经营上有一套体系,而且在核算方面也有一套专门的方法。

秦代的中小商人在市场上摆摊销售商品,通常是一边经营,一边做出记录。西汉时商品货币经济迅速发展,同时带动了这个时代的民间会计发展,由于钱财累积较多,这些富贾开始聘用专职会计为他们记账。此时,会计作为一种新兴职业,开始在民间广泛兴起。魏晋南北朝时期,民间普遍存在由男子管理经营各种事宜,由其妻子核算账目的情形。

唐代的经济已经发展到古代的鼎盛时期,这个时期的金融机构以及典当业都聘请自己的专职会计。宋朝时期手工业作坊兴盛,商业繁荣,宋代的民间会计发展甚好,据记载,"京城资产百万者至多,十万而上,比比皆是"。一些大贾垄断商行,控制市场,甚至通过各种途径夺取宋家王朝的赋税和专卖收入,他们已成为当时一股强大的势力,因而,这些富商大贾聘请专职会计已成为普遍之事。在宋代,会计被称为"主管",主管所记账目叫做私家"簿记"。元代民间把从事会计工作的人叫做"坐管先生",但由于史料有限,无可考究。明清时期,随着商品货币经济的发展,私人"账房"会计组织的轮廓日渐清晰。清代的"账房"组织,以典当、钱庄和票号三业为代表。典业"账房"在企业内部处于中心地位,管钱者为出纳,管账者为会计,二者上奉经理使命,下管全店收支,对内有监督保管之权,对外有制约营业之能。钱业"账房"一分为四,分别为"外账房"(工作偏重外交),"内账房"(工作偏重内部事务),"洋房"(经手银、洋出纳者),"钱房"(经手铜钱、纸币者)。票号"账房"有分号与总号之分,两者之间既通过"账房"运转资本,又通过"账房"遥控收支,以达到集中财产之目的。可见,到明清时期,"账房"已发展成为我国民间会计的基本组织形式,成为业主管理经济的助手和参谋。

(三)古代会计制度变迁的特征

1.官厅和民间会计分属于正式与非正式制度

正式制度是指人们(主要是政府、国家或统治者)有意识创造的一系列政策法规,非正式制度是在人们长期的交往中无意识形成的,具有持久的生命力。从古代会计制度变迁的历史来看,我国官厅会计是一种正式制度,它的产生与发展是以国家意志为主的,国家出现时需要有财政收入,于是政府开始从民间征税,最初夏朝宫廷里设置的"百官",就是为了核算税收,成为官厅会计的雏形。之后随着经济活动日益复杂,各朝代的会计部门逐渐完善,可见官厅会计是由国家主导的自上而下形成发展的。

我国民间会计则是一种非正式制度,它的产生是人们在商品生产交换过程中根据需要自发形成的,起初只是富商大贾为了计算买卖盈亏而采取的行为,后来逐步演变为私人"账房"。民间会计规模的壮大还促成了现代会计职业组织的形成,它使得商人们可以直观清晰地了解收支情况,从而促使商品交易更好地进行。会计组织的自发产生,无疑对古代商业的发展起到了促进作用。

2.不同会计制度变迁的主体和诱因不同

第一,国家作为正式制度的供给主体引起官厅会计变革。综观我国古代官厅会计财计组织与会计记账方法的发展变迁历程,我们发现,在我国会计发展史中,国家的作用不可小觑,官厅会计制度变迁的主体是政府。然而在西方国家,尤其是欧美国家,会计的发展模式与我们截然相反,美英两国的会计发展主要靠会计职业界的发展向前推动,在不断发展的过程中,国家适时干预,而我国会计大体上是为国家财政服务的,国家掌握暴力进行制度提供成为我国古代官厅会计变迁的主要供给者。

第二,商品经济的发展与繁荣,带来了企业商贾商业经营范围扩大,面对日益复杂的经济业务以及出于核算个人盈亏的需要,商人们意识到对钱来钱往以及结余进行记录是有必要的,在这样的因素诱导下,民间会计开始发展起来,可以说,我国民间会计的变迁是由商人团体引导的诱致性制度变迁。

3.会计制度是伴随着会计行为的发展而存在的

我国古代会计制度的变迁经历了漫长的历史过程,从原始社会初期人类偶然的有意识的计量与记录行为产生,到母系氏族部落首领头脑中简单的规划,再到父系氏族为保护私有产权而日益复杂的会计计量行为的演变,这是我国最初会计行为发展的历史轨迹。在会计行为发展到一定阶段,才逐渐出现了规范会计组织以及改进会计核算办法的会计制度。夏朝的建立、国家的产生促使官厅会计成形,商品经济的出现则促使民间会计繁荣发展。可以说,我国古代经历了由会计行为到会计制度的演变,至清末,会计财计组织已初具规模,会计记账方法也带有明显的中式簿记的特点。

4. 官厅和民间会计制度的目的不同

在古代会计发展的历史长河中,我们不得不将会计制度分为"官厅会计"与"民间会计"来分别讨论,官厅会计的产生最初是基于国家财政(即税收)的需要,随着国家体系日趋成熟,官厅会计部门也日益细分,逐步成为国家的管理工具,通过核算国家财政收支,起到开源节流的作用;民间会计的记账方法与官厅会计相比较为简单,对于比较复杂的经济业务,民间会计只要求能看懂账目即可,而没有固定的记账体系,其目的主要是为了方便商贾们核算账目以及查账。一般而言,在我国古代,"官厅会计"的发展引导着会计发展的主要方向。

第二节　我国近代会计制度的变迁与融合

我国近代史的开端为 1840 年鸦片战争爆发之时,至 1949 年中华人民共和国成立结束,这一时期的会计制度变化以 1912 年中华民国成立为界。1912 年以前,由于"重农抑商"思想残留,会计学理论并没有显著进展。从 1912 年到 1949 年,社会经济发展较快,会计制度在经济发展的带动下,经历了东方文化和西方文化相融合的过程,进入发展和变革的时期。可以说民国时期会计制度最突出的特点是将我国传统的中式会计体系与西方先进的西式会计体系相融合并得以继续发展。

(一)近代会计制度的发展与融合

1. 融入西方复式簿记方法

清末,我国铁路干线主权落入西方列强手中,导致各铁路会计制度陷入一片混乱,政府为了统一铁路会计,1912 年起,从中国第一条自办铁路——京张铁路开始进行会计制度改革,采用西式簿记法进行会计核算,这是北洋政府时期最早的一次特别会计改革。1913 年,北洋政府特派委员会赴美访问,制定出改良中式会计的十项则例,基本统一了各路会计科目与会计核算方法。在记账方法方面,统一以借贷为记账符号,实行横式的左借右贷的记账方法;在会计科目设置方面,科学地分类编号,设有款、项、目、节四级;在支出方面,将资本支出与费用支出作出明确划分;在会计报表方面,制定了统一格式,能够全面反映各铁路财务状况,有助于主管部门依此作出决策。

民国初期,西方资本主义国家在中国广开银行,但由于当时国人缺少现代银行会计方面的知识,于是直接采用了西式复式簿记法:设置专门的"传票"作为银行记账凭证;会计账簿直接采用西式帐页;设置日记账、分类账,分类账在日记账的基础上反映资金收付。除此之外,我国邮政部门、由西方国家直接操控的工厂和商行等也采用了更具合理性的西式簿记法。

2. 颁布会计法律

民国时期的会计思想独具特色,这一时期的显著特点是实现了会计的法制化,开创了我国会计法制化的先河。民国时期分为北洋政府时期和国民政府时期,这两个时期分别采用不同的会计方法,北洋政府时期会计制度的建设主要以日本会计法律制度为蓝本,国民政府时期的会计制度建设则主要效仿美国和欧洲会计法律制度。从 1912 年起,政府在会计法制建设方面结合当时中国实际经济状况,陆续制定了一系列法律,如会计法、审计法、商业会计法、会计师法、预算法、决算法及有关各种法律的实施细则。通过颁布具体会计法律法规,国家初步实现了对财政系统的全面控制,地方政府可以更好地发挥其在规范会计行为时所起到的重要作用,这一系列法令的实施,使会计立法逐步走向规范化,我国会计制度建设朝着更加完善的方向迈进。其具体做法如下:1912 年3 月,北洋政府财政部制订《会计法草案》,全案共有八章三十六条,明确突出了会计立法的目标是向西方政府会计立法靠拢,强调会计法在规范政府会计行为中的重要地位及主要作用。该草案的主要内容是：对会计年度的划分首次作出明确规定；岁入岁出要依据预算；现金由公库办理出纳；对政府工程及买卖借贷行为作出规范；规定征收国税要有一定的法律依据等。

1914年，北洋政府希望借助于会计立法改良中国落后的会计工作，于是颁布了《民三会计法》，这是中国历史上的第一部会计法，是中国会计法制化的开端。《民三会计法》在格式与主要内容上与《会计法草案》大体相同，只是叙述更加简洁，概括性更强。《民三会计法》是根据日本的《会计法》进行编制的，其内容并未过多参考中国实际情况，有些条款的立定和陈述与日本的《会计法》几乎没有区别。

1914年3月，财政部颁布《会计条例》，10月2日，经参政院议决将该条例更名为《会计法》，这是我国正式颁布的第一部真正意义上的"会计法"。全文共九章三十七条，对会计工作及会计组织作出了较为全面的规范，对总则、预算、收入、支出、决算、契约、期满免除、出纳官吏以及附则等方面作出详细规定。

1915年，北洋政府颁布《中华民国约法》，该法规定国家每年的岁入岁出预算应当交由审计院审订，审订之后由大总统作出报告交给法院请求承诺。《中华民国约法》将审计权利列入其中，说明了对会计监督的重视。同年10月另行制定《审计法》，这是中国历史上经过立法程序的第一部《审计法》。

1918年，北洋政府农商、财政两部起草《会计师暂行章程》，标志着中国会计师事业的诞生。章程规定，大学商科毕业后，有主管会计三年以上经验者，具备申请会计师的资格。1925年，"中华民国会计师公会"作为会计师制度施行与监督必不可少的机构于上海成立。1929年，南京政府工商部又制定了《会计师章程》，次年对这个章程重新进行修订，更名为《会计师条例》。至此，我国会计师职业得到了一定程度的认可。

1935年8月，国民政府宣布废止原《会计法》，决定从1936年

7月1日起施行新"会计法"。新《会计法》的内容涵盖广泛,包括通则、会计报告、会计科目、会计簿籍、会计凭证、会计人员、会计事务程序、会计报告程序、会计交代、附则等各项具体规定,全文共十章一百二十七条。这部《会计法》是通过参考美国的《预算与会计法案》和《民三会计法》的相关内容来制订的,它专门运用于预算单位(即政府机关),以强化政府在会计工作中的控制作用,保证会计工作规范化施行。《会计法》推动我国会计制度建设逐步走上科学、严密、系统化的道路,对我国会计制度建设具有深远的意义。

1948年,国民政府又颁布了《商业会计法》,它的目的是为企业设立专门的会计行为规则。它的颁布标志着国民政府对政府会计和企业会计分别进行立法模式的确立。可见,这一时期建立会计法律体系主要是在国家求富求强的目标指导下,借鉴西方会计法律成功经验,通过自上而下地引入会计法律法规使我国会计制度内容更加完善丰富。

3. 会计师职业的兴起

1923年,《会计师制度之调查及研究》这一著作对英国、美国、加拿大、澳洲、欧洲大陆及日本等国家和地区的会计师制度进行总结,并结合中国实际探讨了会计师资格取得、会计师推行方法及法规改善等问题。该书通过讲述西方国家会计师事业的成功经验,针对当时我国缺乏会计专业人才的情况,指出中国应学习西方建立会计师制度,通过提高会计人员素质来保证会计工作有效进行。国民政府时期,政府设立了会计师试验委员会和会计师审查委员会,规定只有审查和试验合格的人才能成为会计师。不仅如此,《会计师暂行章程》还借鉴英美成熟理论,对违反会计义务的工作者作出了取缔其会计师行为的规定。在当时,政府规范与法律约束结合,为推动我国会计师事业发展打下了坚实的基础。

(二)近代会计制度变迁特征

1.西式簿记法节约交易成本

我国在近代之前所采用的记账方法被统称为中式簿记法,所谓中式簿记法,专指我国上收下付形式的单式簿记,单式簿记具有原理浅显、方法简便、易于操作等特点。宋代"四柱结算"法的出现开启了我国收付记账方法的先河,这一记账方法在我国运用千百余年,必定有其合理之处,但中式簿记的不足之处也使得交易成本居高不下。第一,账户分类不合理,记账时除了对"人欠""欠人"的金额作出记录,其他大多数业务在发生时只作单方面记录,一般只记录现金、银行存款的收付及应收、应付等往来款项,不能全面反映债权债务关系;第二,账户设置不完整,账户与账户之间缺乏对应关系,不能进行平衡结算,难以防止错误和发现舞弊,做不到及时纠正。经济越发展,这些缺点越凸显,随着经济活动日益复杂,降低交易费用的要求必然促使中式簿记方法面临改革。西方的复式簿记在各方面都有明显优于中式簿记的特点,它不仅能够将借、贷事项与金额准确记录下来,将发生的每一笔经济业务同时在两个或两个以上的会计科目中进行反映,还能根据业务量大小、账目复杂程度随时调整簿记。西式簿记法在我国的应用大大减少了交易成本,同时推动会计核算巧妙地构成了一个合理的科学体系,受到普遍推崇和赞扬。

2.强制性变迁和诱制性变迁并存

民国时期,会计职业组织在我国缓慢兴起,这一职业团体的出现要求我国会计制度更加完善,成为我国会计制度变迁的内在诱致性因素。但不同于西方国家,这一职业组织在我国还没有足够的历史沉淀,加之我国会计体系建设不具规模,对政治经济影响甚微,会计制度发展远远落后于西方,根本不可能像西方国家一样完全依赖民间职业性机构规范会计体系,这样的状况决定了我国如果想顺利完成会计制度变迁,在会计体系建设方面有所突破,只能通过政府出面从宏观角度进行干预,由政府作为主体引导会计制度变迁。从民国时期会计制度发展历史来看,我国这一时期会计制度变迁带有明显的政府强制性变迁特点。自古以来,我国的政治体系都是设立一个高度集权的中央政府,由中央政府对经济活动中大大小小的企业进行管理,是"强政府、小企业"的管理模式,中央政府作为会计制度变迁的主体,利用手中的权力制定各种会计法律、法规,在会计核算方法变革和会计制度变迁的重大活动中扮演着唯一的主角,不以任何个人或者团体的意愿为转移,他们的想法在制度安排中均不受重视,政府主导的会计制度强制性变迁有效解决了制度短缺问题,迅速提供了变迁过程中所需要的制度安排,这是近代中国会计制度变迁的最主要特征。

3. 经济受西方控制是会计制度变迁的外因

16 世纪中期至 17 世纪初,我国封建社会走向晚期,洋务运动的发展、马关条约的签订致使清政府放宽对民间设厂的限制,外国资产阶级强行在中国开办近代企业,资本主义经济关系开始萌芽。1840 年我国在鸦片战争中战败之后,逐步沦为半殖民地半封建国家,帝国主义国家在我国进行疯狂掠夺,不仅使我国经济发展受到限制,同时受到影响的还有我国的政治体系、财政状况和工业结构。西方国家主要通过控制中国通商口岸、剥夺中国关税自主权、对华进行商品输出和资本输出等手段操纵中国经济命脉。当时清政府的财政收入大部分来自海关税收,资本主义国家强行掠夺我国关税自主权,导致我国关税收入低于当时世界上其他国家关税水平的平均值。中国丧失关税自主权之后,西方列强开始向我国频繁输出商品和输出资本,这样一来,不但清政府的财政收入大为减少,而且使得西方资本主义国家更加便利地对我国进行倾销和掠夺。为了适应资本输出的需要,西方资本主义国家开始在中国广泛开设银行,较早成立的银行相继有英国汇丰、德国德华、俄国道胜、法国东方汇理、日本正金、美国花旗等银行,这些银行的开设实现了各国对中国的金融控制,它们矗立在东方,成为西方国家掠夺中国经济财富的中心。为了达到更加有力的控制,他们还在中国建立起许多垄断组织的分支机构,向中国当地政府贷款并对社会各个行业进行投资,甚至组成联合银团来控制中国的财政经济。此外,由于中国的海关、铁路、航运和邮电等重要部门都被西方列强控制,财会大权直接操持于西方人之手,会计制度多由他们设计制定,走向西化是大势所趋。

4. 西方会计制度影响广泛

1912 年民国成立以前,我国长期处于封建统治状态,"重农轻商"这种观念深深束缚着人们的思想,使得商业得不到正常发展,这对会计学理论的发展和应用产生了阻碍,会计制度更是无法发挥它在经济生活中本应体现的作用。而此时的西方文明正以破竹之势飞快崛起,大洋彼岸的西方会计学理论体系逐渐完善并逐步走向成熟,西方学者通过对日常经济活动的总结创立出能全面反映业务活动的西式借贷记账法,并在此基础上对会计学理论和会计制度体系作出更为深入的研究,建立起一套自己的记账方法。此时在亚洲最具有代表性的国家当属日本,日本在明治维新运动之后国力逐渐强盛,走上独立发展经济的道路,日本在自身经济得到发展的情况下还对欧美先进的西式簿记方法加以利用,对其会计制度改革有锦上添花之效。中国看到日本引进西方会计制度的利好之处,也萌生了同样的想法,可以说当时日本引入西方记账方法这种做法影响到我国对会计制度早期的改革。

第三节 现代会计制度的发展变迁与完善

从 1949 年开始至今属于我国现代会计制度时期,本章将现代会计制度分为改革开放前与改革开放后两部分分别讨论。

1949 年 10 月 1 日,中华人民共和国成立,在社会主义道路选择及计划经济的影响下,我国采用了前苏联会计模式,但道路并不是一帆风顺。改革开放之后,随着经济发展重心的转移,以及社会主义市场经济体制的确立,经济活动更加复杂,会计作为政府、企业、个人的一项重要管理工具,在会计准则的约束下开始发挥其管理职能。值得注意的是,进入21世纪,我国会计体系分为非营利组织会计(即政府会计)与营利组织会计(即企业会计),由于非营利组织会计正在向营利组织会计模式转变,因此本章重点讨论企业会计制度变迁。

(一)改革开放前会计制度的变迁

1.新中国会计制度的重构与变迁

1949年中华人民共和国成立,我国的经济在经历了抗日战争之后已经伤痕累累,不堪重负,急需建立一套与本国经济现状相适应的财政经济体制。当时的中国政府作出了向前苏联借鉴计划经济体制的重大决定,走上了计划经济发展的道路。受新的政治和经济环境变化的影响,会计制度一方面开始逐步清除并改造西方会计理论与方法,另一方面开始建立符合国情的会计方法和制度。

(1)新中国成立之初采用苏式会计。新中国成立之初,经济处于恢复时期,由于建国初期的政治、经济、文化体系都尚不健全,我国把目光投向了当时走社会主义道路较成功的苏联,照搬苏联走上了计划经济的道路。会计工作也进入向苏联学习的阶段,逐步确立了以"资金运动论"为核心的会计理论体系。具体做法如下:建立统一会计制度;确立财务组织;实行总会计师责任制。然而全盘借鉴不久之后就有弊病显露,由于当时我们并没有结合具体国情,就盲目地对前苏联的会计制度照搬照抄,这种不加分析的引入前苏联会计制度的做法,最终表现为会计系统与经济系统不适应。为此,在1952年底我国针对这一系列难题作出了重大的会计调整,规定不同所有制性质的企业以及具有不同规模的企业分别采用不同的会计制度。

（2）"大跃进"时期推翻前苏联会计模式。1958年"大跃进"时期，我国政府喊出"彻底放权，大力简化"的经济口号，要求全民参与到响应政府经济号召中来，倡导人民打破科学，摆脱现实束缚，超常规地发展经济，在这样的特殊时期，国家先后颁布了《关于改革企业会计制度办法的通知》《会计十条》及《企业会计工作改革纲要》等条例，这一系列法律条例的实施使会计制度不断简化，将之前一直使用的前苏联会计模式彻底否定，最终我国会计制度与前苏联会计模式彻底决裂。

（3）"文化大革命"后期会计制度的恢复。"大跃进"结束之后，国家意识到推翻前苏联会计模式的举措给会计制度带来了无法弥补的严重后果，更为糟糕的是，继"大跃进"之后接踵而来的"文化大革命"使中国经济倒退了大约20年，会计制度在当时又被大众认为是属于资本主义的产物，落后的经济状况加上会计制度不被认可，导致会计发展止步不前，找不到出路，会计制度到最后已是血肉全无，空有其壳。我国的会计制度在20世纪70年代后期才开始逐渐恢复，1974年初，我国经济发展刚刚起步，还处于计划经济阶段，而《国营企业会计工作规则》的推行在当时影响广泛，这部工作规则拉开了以后会计制度变迁的序幕，为今后会计制度的建设添上了浓墨重彩的一笔。

2. 改革开放前会计制度变迁的特征

（1）全盘照搬苏联模式的会计制度具有系统性和强制性。在新中国会计制度的建设进程中，由于我国没有形成自己独立的会计体系，学界对会计对象、会计本质、会计定义、记账方法及会计职能等作了一系列讨论之后，我国采取的做法基本上是对前苏联的现行会计规定照搬照抄。当时的苏联具有统一的会计规范体系，会计的确认、计量、记录和报告采取政府法规的形式规范，具有强制性。新中国学习苏联制定统一会计制度，《中央重工业部所属企业及经济机构统一会计制度》于 1950 年 7 月 1 日颁布,它的发布标志着我国会计制度得到统一,这是新中国在会计建设方面的第一个重大举措。此制度施行之后,铁道部、交通部、邮电部、贸易部、农业部等各部门都有了统一的会计制度;1956 年出台的《国营工业企业基本业务统一会计报表》可以更加规范地对会计信息进行报告。

(2)突发式会计制度变迁偏离了经济发展要求。新中国成立之初,由于我国经济结构简单、物质基础薄弱,在"一穷二白"的情况下,还没有把握能够单独建立起自己的一套会计体系,引入前苏联会计模式在当时是最行之有效的做法。"大跃进""文化大革命"时期,会计制度建设受到来自经济制度方面的强烈冲击,被要求大力简化,发生突变式变迁,原先已经建立起的账务处理程序被彻底摒弃,选用了易于被大众理解但缺乏知识技术含量的会计核算方法,这种会计核算方法对刚刚起步的会计制度是一种极大的遏制,所以说,这次改革对我国会计制度的发展并没有起到积极作用。

(3)计划经济下的会计核算是为了达到既定产值目标。在计划经济体制下,产权高度集中,企业不是一个独立核算的经济主体,不具有自主决策权,依附于国家经济指标,不具有独立性。国家对商品的统购统销政策使得企业不存在风险,不需要去考虑成本和收入的问题,企业不着眼于利润的实现,更多地是考虑怎样达到既定的产值目标。当企业的财务目标不是利润最大值,而是向着一个固定的产值指标迈进时,会计工作重心便不是以计量收益状况为核心,而是转移到关注每期期末余额是不是达到固定要求,各项财产是不是能不断保值和不断升值,所持有的资产是不是会持续增值。这样的会计工作必然脱离了它本职的计量功能,无法显现其应有的核算作用。在这种核算制度下,会计工作必然会偏离原始目标,会计制度也必然受到严重影响。后期,国家为了阻止这种局面的恶化,着手对全国上下的会计事务进行统一管理,确保会计工作能够更好地服务于各个企业进而达到国家要求。

（4）会计制度成为完成经济指标的工具。新中国成立之后到改革开放之前，我国先后经历了"大跃进"与"文化大革命"两重困难，政治遭到破坏，经济千疮百孔，这一时期的会计制度只是国家用来完成经济指标的工具，是建立在统收统支体制下的资金平衡会计模式，会计功能无法真正发挥出来，会计制度变迁也是服务于国家经济，在计划经济体制下为克服经济困难而进行。新中国成立之初的30年中，我国经济发展道路曲曲折折，但是也不乏正面力量，30年的历程使人们对会计有了进一步的认识，会计变得越来越重要，成为经济发展与改革过程中不可或缺的一个重要因素。

（二）改革开放以来会计制度的发展与完善

1. 企业改革对会计准则制定提出要求

改革开放初期，我国企业会计制度没有统一规范：有的采用西式簿记，有的采用中式簿记，还有的采用改良的中式簿记；会计计量基础也不统一，有的以权责发生制为基础，有的以收付实现制为基础。即使同一行业，由于会计制度的选择各不相同，所采用的数据既没有可比性也无法据以合并，这种各自为政的会计制度给当时的经济发展带来了一定程度的阻碍。我国实行改革开放后，经济制度不再是计划经济，商品经济发展使得企业规模扩大，企业目标也有了新变化，产权清晰、权责明确、政企分开、管理科学等要求成为现代企业的共同目标，原先统一的会计制度就明显不符合经济发展要求，构建新的合理的会计核算规范迫在眉睫。

2. 我国会计准则的变迁历程

（1）会计准则探索阶段。1987年以前，我国会计学界就对会计改革进行过讨论，但当时的焦点都集中于改革会计管理体制，并未提出制定会计准则的想法。1987年，中国会计学会专门成立"会计原则及会计基本理论研究组"（后改为"会计基本理论和会计准则研究组"），标志着我国会计准则研究正式进入了有组织的阶段。1989年3月8日，财政部发布《关于拟定中国会计准则的初步设想（讨论稿）》和《关于拟定我国会计准则需要研究讨论的几个主要问题（征求意见稿）》两份文件，这是我国会计准则制定过程中最早的公开文件。1990年4月，《中华人民共和国会计准则（草案）提纲》被制定，并于1990年11月和1991年11月作了两次修订，最终第三稿定为《企业会计准则第1号—基本准则（草案）》。

（2）会计准则初步建立阶段。经国务院批准，财政部于1992年11月30日以第5号部长令的形式签发了《企业会计准则》，这一准则的出台标志我国基本会计准则正式建立。紧接着，财政部又组织制定了13个行业会计制度，以方便会计实务具体操作。1993年下半年，财政部会计司专门成立了两个专家组（分别是德勤国际会计公司担任的国外专家组和有10名成员的国内专家组）从事会计准则的具体制定。1994年2月14日，财政部会计司正式公布具体会计准则的征求意见稿，并在广泛接受社会意见的基础上于1997年5月22日起陆续出台了近20项具体准则。

（3）会计准则成熟阶段。1998年之后，我国会计准则根据国内外经济形势变化不断修订，与国际接轨，具体准则由原来的20项增加到22项。2006年2月，财政部对以前的准则进行修订，颁布了《企业会计准则》，在原先的具体准则上新增了16项准则，使得会计准则的变迁进程与国际会计准则趋于同步。

3.改革开放以来会计制度变迁的影响因素

（1）交易费用理论下会计准则的运用。一项制度的变迁需要以交易成本最低原则来进行，如果不能降低交易成本，那么制度变迁就达不到变迁的目的，会计准则作为制度的一个方面，它的选择和变迁也必然按照交易费用最低化来进行。新中国成立初期，市场在计划经济体制下不能发挥效用，会计制度是与当时计划经济的产权相适应的一种制度。社会主义市场经济替代计划经济之后，"有效市场"逐步确立，在这种情况下，如果继续沿用原来的会计制度，市场交易费用必然增加。当企业的经营者与出资者是同一个人时，他就可以在经营企业的同时获取利润，因为经营权与所有权集于一身，经营者不需要外部与内部的任何鼓励就会本能地出于"理性人"的角度追求利益最大化，所以也就无须对其经营进行督促和监管。市场经济体制下的现代企业所有权与经营权分离，经营者希望在经营企业的同时更多地增加享受成本，而所有者（即股东）则希望经营者通过减少享受成本而为企业创造更多利润，所以股东们会运用自己的监督权来干预企业的运作，试图采取最佳的会计核算方法和程序。当然，债权人也向企业投入了一定资金，他们为了保证自身利益不受侵害，会在与经营者签订的合约中添加有利于自身的协议内容。会计准则的制定对经营者、所有者、债权人三方都作出了一定限制，协调三方利益，能够有效地提高企业运作效率。由于企业适用于统一的、共同的会计准则，所以在交易的过程中可以在很大程度上减少一些不必要的花费，从而减少了交易成本。

（2）市场规模扩大引起会计制度变迁。自1992年至今，我国经济受国际化影响至深，在世界经济一体化影响下，一方面国内资本市场迅速发展，另一方面国际经济交往大幅增加，这两方力量的推动，使我国海外直接投资流入总额在1990年至1996年巨幅增加，创下了1 563.42亿美元新高，并且此后，这一数量和规模仍呈不断攀升之势。近年来，国际性筹资活动规模日益扩大，各国跨国上市和发行证券等活动越发频繁，资本市场国际化程度逐步提高，这些因素都在一定程度上促进了我国会计制度的变迁。1992年之后，我国会计制度变迁的方向逐步显示出向国际惯例靠拢的趋势，如适用于工商企业的《企业会计制度》，根据金融企业和中小企业特点制订的《金融企业会计制度》和《中小企业会计制度》等，都带有明显的国际会计准则特点。改革开放之后，由于经济发展迅速，影响我国会计制度变迁的因素有会计环境、会计技术自身进步和市场规模等诸多因素，但主要是因为国际资本市场迅速发展，国与国之间贸易量增加，对我国经济造成了强烈冲击，导致原有的会计制度已经不能应对日常的国际经济交往，它不得不通过变迁来满足企业对更加完善的会计制度的需求，因此这一时期会计制度变迁的主导因素是市场规模因素。

综上所述，首先，会计制度经历了从产生到发展到趋于完善的渐进变迁过程。会计制度的变迁是渐进的，不同时期的会计制度有着鲜明的特征。由古代最初人类偶然的简单计量、记录行为至规模化的官厅会计和民间会计对会计记账方式、会计组织等制度的简单规定，由近代初期会计制度的停滞不前到民国融合了西方会计体系以及会计法律制度的初建，由新中国苏式会计的采纳到现代的趋于国际化的会计准则和会计师职业的成熟，我国的会计制度变迁经历了一个从古代的产生到民国的变革及至现代的逐步完善并趋于成熟的过程。其次，会计制度的内容经历了从简单到西化到国际化的变迁过程。概括而言，从会计制度演进过程看，其主要内容表现在会计记账方法、会计职业组织、会计法律法规、会计准则、会计监督机构等方面。我国会计记账方法从西周时期产生，由最初以简单的"入""出"二字记录，到以时间为序的流水账记录，再到宋代"四柱结算法"集中归结中式记账方法基本原理，比较系统地反映了经济活动发生全过程。此后的中式记账方法的发展都是在此基础上修改的。至民国时期，我国在中式记账方法的基础上引入了更为合理的西式记账方法。目前看来，我国会计界已经形成了以"借""贷"作为记账符号，以"有借必有贷，借贷必相等"作为记账规则的统一的复式记账法。我国会计职业组织从古代民间会计发源，由最初简单的家庭核算到富贾聘用专职会计记账，后来随着商人们经济业务扩大，会计职业组织发展受到推动,民国时期会计法律对会计师职业资格获取的规定承认了这一职业的存在,至今,我国已经形成了以考核会计工作为主要内容的会计师专业技术资格评定体系与以审计为主要内容的注册会计师执业资格评定体系。我国会计法律法规经历了从无到有至逐步规范的过程,民国之前,我们一直没有产生会计法律思想,直至民国时期,我国才开始借鉴英美成功经验制定颁布会计法律法规,之后随着社会主义市场经济环境变化,会计信息复杂化要求进一步规范和约束会计行为、完善会计法律制度建设,至今,我国已经基本形成了一套以会计法为根本依据的会计法律体系。我国会计准则是在 1992 年之前原有会计制度的基础上,借鉴国际会计惯例而制定的,会计准则成为现代会计制度的一项主要内容,它涵盖内容广泛,对会计核算的基本前提,一般原则,会计要素的确认、计量、记录、报告等方面提出了原则性要求,将各行业会计工作统一到一个标准上,使会计制度更加规范。第三,强制性和诱致性制度变迁是我国会计制度变迁的主要方式。纵观我国会计制度变迁历程,主要是强制性变迁与诱致性变迁方式并存,二者交织在一起推动会计制度不断向前发展。古代官厅会计是国家基于税收管理目的强制建立的,而民间会计则是在个人记账、查账需要的基础上逐渐形成的。近代中国由于没有自己独立的会计体系,一方面会计制度自身要求变革,另一方面国家作为供给主体强制性颁布了一系列会计法律法规,迅速提供了变迁过程中所需要的制度安排,成为会计核算模式和会计制度变迁的主要的和唯一的推动者。现代会计制度在企业改革的基础上,为构建权责分明、管理科学的现代企业制度而建立了会计准则,在会计准则产生到成熟阶段,一系列法令的强制颁布使得会计制度发生变迁。因此,我国会计制度变迁是一种以需求诱致为基础的供给主导型制度变迁。第四,产权变革和交易成本的变化是会计制度产生发展的主要动因。笼统说,我国会计制度经历了古代、近代、现代的历史变迁进程,每个时期的演变都遵循"均衡—非均衡—均衡"的规律,每次的变革都是在充分考虑了社会环境、经济发展水平、经济体制等因素下进行的,会计制度变迁就是在均衡与非均衡的交替过程中,在强制性和诱制性制度变迁并存的背景下渐进发展的。从新制度经济学理论来看,产权变革和交易成本的变化是会计制度产生发展的主要动因。科斯定理告诉我们,现实社会中的交易费用不可能为零,有时候甚至是巨大的,不同的产权界定会带来不同的资源配置效果与经济效率,在我国会计发展史中,从会计行为到会计制度的演变,从会计制度的稳定到再次创新,从中式簿记到西式簿记的引用,从借鉴西式会计到转而采用苏式会计,从传统会计制度形成到趋于国际会计惯例的会计准则制定,每一次的向前发展都是在遵循交易费用最低的原则下进行的,多元化的产权主体从保护自身利益出发,对会计制度提出新要求,推动会计制度不断变革。可见,每一次的会计制度变迁都是在基于相关环境分析的基础上,在多方利益的驱动下,在成本收益的衡量下进行的。最后,社会经济的发展水平是会计制度产生变迁的主要外因。纵观我国会计制度变迁的发展历程,我们可以看到,会计制度的产生发展与繁荣是与社会经济发展水平、发展程度密切相关的。古代原始社会,生产力水平极为低下,只存在交换活动,人们也就不可能产生会计思想;到母系社会,氏族部落首领为了解决各种纷杂事物,开始考虑借助外物记录;父系社会私有产权出现推动会计事务突破了原始计量目的,人们开始利用会计核算私人财产。原始社会会计行为的发展状况告诉我们,社会生产越发展,经济关系越复杂,会计计量记录行为越进步。这也充分说明了人类的会计行为与会计思想是社会生产发展到一定阶段的产物。随着社会经济发展水平的提高,随着国家的出现,经济事项变得日益复杂,官厅会计部门在服务国家经济的前提下一步一步发展并成熟,民间会计在繁荣昌盛的朝代里被富贾推行使用,得以发展壮大。民国时期我国经济受西方国家控制,不得不采用西式会计制度。新中国成立初期,经济状况低靡,导致我国会计制度也无法健康发展;改革开放迎来经济发展新气象,资本市场的确立进一步推动了会计制度向前发展。总之,会计制度的进步与倒退与社会经济发展水平是一脉相承,紧密相关的。

第三章　会计制度的比较分析

特征是一事物区别于他事物的独特之处,了解和把握事物的特征是全面、完整和客观认识事物的金钥匙。而在观察、提炼事物特征时,又应通过与相关事物关系的比较,在分析中鉴别、在鉴别中识别。由于参照物的不同,从不同角度考察,事物的特征又有所不同,会计制度[①]自然也是如此。迄今为止,专门研究会计制度特征的论著不多,应该从哪些角度研究、从哪些方面探讨更无一定之规。笔者认为,与会计制度联系较为紧密的主要包括财务制度、会计准则、会计标准、会计惯例等,这是争论较大、难于识别又不得不识别的几对重要概念,也是本章所要探讨的主要内容。

第一节　会计制度与财务制度

会计与财务的关系是我国学术界几十年来争论不休的老问题,笔者对此存而不论,这里要讨论的是有关二者的制度关系。

(一)财务制度的演进

一般认为,财务(这里指企业财务)是指企业再生产过程中的资金运动及其体现的经济关系,财务管理就是管理财务。有财务管理就必须有管理的依据和管理规则,这一规则就是财务制度。环境不同,财务管理的内容和重心也不同,自然财务制度的主体内容也不尽相同,中外都是如此。

1.西方财务制度的演进

从西方财务管理重心的演进来看,有人将其分为筹资财务管

---

① 这里及下文中的"会计制度"是指狭义上的行业会计制度或2001年实施的《企业会计制度》。

理、内部控制财务管理和投资财务管理三个阶段,也有人分为筹资管理、成本管理和投资管理三个阶段,还有人分为筹资管理、生存管理、投资管理、资本结构管理等四个阶段。无论如何看待西方财务管理的发展,均基于西方过去一个世纪的财务管理实践,为此我们可以大致分为如下四个时间阶段。

（1）筹资管理为主阶段（19世纪末～20世纪20年代）。此期间,由于资本主义工业化的飞速发展和科技进步的加快,企业资金短缺成为一个理论界和实务界普遍关注的突出问题,有关最早的著作之一,是1897年格林（Green）出版的《公司财务》一书,此后的1910年米德（Meade）也出版了《公司财务》,主要关注证券发行、公司合并与联合等重大与筹资有关的问题。这一阶段被称为财务管理的产生阶段,主要研究资产负债表的右方,且主要是研究权益筹资。

（2）成本管理为主阶段（20世纪30年代～40年代）。20世纪30年代初的资本主义经济大危机,致使大批企业由于成本过高、亏损严重、资金严重短缺而破产倒闭,人们认识到只注重筹资而忽视资金的运用是远远不够的,于是,财务管理的重心开始转向资金的运用,不仅研究有关企业破产、重组问题,而且更加重视成本管理,例如制定成本开支标准和费用定额、编制成本计划和费用预算、控制各项费用开支等。

（3）投资管理为主阶段（20世纪50年代～70年代）。第二次世界大战以后,随着世界经济的平稳发展,一方面跨国公司的数量和规模获得了飞速扩张,企业效益不断提高,闲置资金不断增多,同时世界市场逐渐形成、金融工具不断创新,另一方面也带来了市场环境的复杂化,增加了投资的风险,如何以较低的风险获得同样的投资回报或以同样的风险获得更大的投资回报,作好投资决策,便成为财务管理中的新的主角。此时主要研究的是资产负债表的左方。

（4）筹资投资并重阶段（20世纪80年代以来）。随着区域经济、世界经济一体化进程的加快，市场环境日趋复杂多变并呈现出"牵一发而动全身"的格局，一国（或地区）的经济环境甚至政治环境的变化，将会影响其他国家的经济发展和投资者的利益，筹资环境和投资环境均不比从前。因此在20世纪80年代初的财务管理中，人们不仅强调流动资金管理、固定资产投资管理，而且重视长期筹资与中期筹资，重视资本结构，并将投资与筹资结合起来研究企业的扩充与收缩问题，这一全面研究资产负债表左方与右方的基本格局一直沿至今日，并形成财务管理的主体内容是有关筹资、投资、分配的主流观点。

可见，西方财务管理的内容几经变迁，尽管也有成本管理为主阶段，但主要还是围绕筹资、投资进行的。另一方面，财务管理制度作为企业所有者或由所有者委托企业管理者制定、实施的管理制度，不具有全国范围的法规性、强制性。

2. 我国财务制度的演进

与西方不同，新中国以来我国企业财务制度具有内容的相对稳定性、制定主体的政府与企业的"双重性"，以及政府财务制度实施的强制性等特点，并与会计制度的演进具有相似的波动曲线。

受前苏联的影响，将财务管理的对象确定为企业再生产过程中的资金运动及其体现的财务关系，一直是我国财务界的主流观点，资金管理、成本管理、利润管理便成为财务管理的核心内容。早在20世纪60年代初，我国已形成这方面的完整的体系，其代表作当属邢宗江、刘凤钦、顾志晟编著的《工业企业财务》一书，该书将财务管理的主要内容概括为固定资金管理、流动资金管理、成本管理、销售收入管理和专用基金管理五个方面，此外还论述了企业积累（利润）的管理、财务收支计划的编制等内容。这是与我国计划经济管理体制、"财政管理财务、财务管理会计"的体制相适应的，即便在构建社会主义市场经济环境下，我国著名财务专家郭复初教授也认为,财务制度"按管理的对象可分为财务管理体制、资本金管理制度、资产管理制度、成本费用管理制度、收入利润管理制度、财务报告与评价制度"。我国财政部有关财务管理方面的制度规定也以此为主,企业必须服从,并以国家财务制度为依据制定自己的财务管理办法,可以说,企业财务制度的内容与国家财务制度的内容是基本一致的。下面以财政部颁发的有关财务制度的演变为线索,探讨我国财务制度的内容和性质。

(1)零散财务制度阶段(1949~1992年)。中华人民共和国成立初期,国家接管、没收了官僚资本主义企业,将其改造为社会主义国营企业,改造旧的企业财务管理制度,强化企业财务的宏观调控,建立企业财务的国家约束制度,以适应计划经济的需要,便成为当时的主要任务之一。为此,1951年4月,政务院财政经济委员会(简称中财委)颁发《一九五一年度国营企业财务收支计划暂行办法》《一九五一年度国营企业提缴折旧基金暂行办法》和《一九五一年度国营企业提缴利润暂行办法》三项重要财务制度,同年6月发布了《关于国营企业清理资产核定资金的决定》,1952年1月发布了《关于国营企业提用企业奖励基金暂行办法》,1953年1月17日,财政部颁发《国营工业企业统一成本计算规程》,首次规定了产品成本的开支范围,包括原料及主要材料、辅助材料、工艺技术过程燃料、工艺技术过程动力、生产工人工资、生产工人附加工资、新产品试制费、废品损失、停工损失、车间经费、企业管理费等。1953年10月23日,财政部颁发《关于编制1954年财务收支计划草案各项问题的规定》,强化了流动资金由财政拨款和银行信贷"两口供应、分别管理"的制度,按行业确立了流动资金定额的信贷比例,1953年11月17日又颁发了《关于国营企业提取企业奖励基金的临时规定》。为鼓励企业完成和超额完成国家计划的积极性,国务院也于1955年8月18日颁发了《国营企业1954年超计划利润分成和使用办法》,1956年12月,财政部颁发了《关于1957年国营企业财务收支计划中若干费用划分问题的暂行规定》,明确了技术组织费、安全技术劳动保护措施费、新产品试制费和零星固定资产购置费等四项预算拨款制度。上述有关企业财务收支制度、折旧制度、职工奖励制度、利润分配制度、成本费用制度、资金管理制度的建立,初步形成了我国财务制度体系,也成为后来财务制度改革和完善的基础,虽然在内容上由于改革开放环境的变化,企业投资主体多元化、筹资渠道多样化和经营方式多样化,增加了有关企业筹资、投资方面的制度规定,如财政部1981年6月发布《关于经济联合中若干财务问题的处理意见》,1986年4月发布《关于国内联营企业若干财务问题的规定》,1987年9月发布《关于发行国家重点建设债券、重点企业债券和其他债券有关的财务规定》,1990年8月发布《关于国内联营企业若干财务问题的补充规定》等,但制度的主体内容仍在资金、成本、利润范围之内,并散见于各项规定中,没有完整、系统地涵盖上述内容的财务制度,这一制度是在1993年完成的。

（2）系统财务制度阶段（1993年以来）。为了适应社会主义市场经济发展的需要,规范企业的财务行为,1992年11月30日财政部发布了《企业财务通则》和《工业企业财务制度》等10个行业的财务制度,于1993年7月1日起在我国境内各类企业中施行,除总则和附则外,其主体内容包括资金筹集、流动资产、固定资产、无形资产、递延资产和其他资产、对外投资、成本和费用、营业收入、利润及其分配、外币业务、企业清算、财务报告与财务评价等十个部分,并列出各行业固定资产分类折旧年限表,全面、系统地规范了有关资金（筹资、投资）、成本、利润的财务行为,并第一次冠以"财务制度"字样。从内容看,主要是对会计确认、会计计量的规范,而当时的行业会计制度是对会计记录、会计报告的规范,由此原本紧密相连、有机结合、不可分割的会计核算四个环节的行为,便由行业财务制度和行业会计制度分别规范,强化了财务制度

"领导"会计制度的体制。

（二）财务制度的定位

"财政决定财务、财务决定会计"体制的形成，一方面是计划经济体制的结果，另一方面也与人们对财务和会计的认识有关。

1.传统的经济学理念造成了企业财务管理对象与会计对象的冲突

在马克思主义政治经济学中，由商品的二重性所决定，企业再生产过程既是使用价值的生产过程，也是价值的形成和实现过程，企业再生产的管理自然包括使用价值管理和价值管理两个方面，同时价值运动又具有一定的独立性，这种用货币形式表现的价值运动就是资金运动，资金运动及其体现的经济关系构成了企业财务的基本内容，因此财务管理的对象就是企业再生产过程中的资金运动及其体现的经济关系，从再生产过程中资金的取得、使用、耗费、收回、分配诸方面确立财务管理的基本内容；而企业会计是以货币为主要计量单位对企业再生产过程的核算与监督，因而其对象也确定为企业再生产过程中的资金运动，其核算和监督的内容与财务管理的内容必然大同小异，同属于微观价值管理范畴，这一研究对象的冲突也必然造成研究内容的冲突。为避免制度规范的矛盾和重复，以财务制度规范确认、计量问题，以会计制度规范记录、报告问题，也不失为一种较好的处理方式。

2.计划经济体制造成了财务制度与会计制度的不平等

在计划经济体制下，财政是宏观价值管理的主体，国营企业（以下称企业）的资金由财政拨给，资金的具体使用由企业负责，但企业实际上只是"生产车间"，生产什么、生产多少、怎样生产等必须服从于国家的计划安排，在固定资金、流动资金、专项资金的"三段式"模式下，"企业必须根据国家核定的计划数额以正确的方式形成资金，并按照国家规定的用途合理而节约地使用资金，以达到用较少的资金来保证生产经营的正常需要"。因此,企业只有少量的流动资金调度权,企业的"筹资"主要是伸手向上级要资金、争资金、抢资金,"投资"就是按照国家的计划安排组织生产,主要任务是如何挖掘内部潜力、降低产品的生产成本,至于供应、销售自然由国家计划保证,盈利上缴国家、亏损国家弥补,20世纪60年代初,国营企业上缴的利润和税金已占到国家预算收入的80%以上。在这一制度环境下,国家既是企业的所有者又是企业的经营者,必然和必须对企业实施直接的管理,制定详细、统一的财务管理制度,并以此为基础制定以记录和报告为核心内容的会计制度。当时有人将国家财政称为"大财政",将企业财务称为"小财政","我国在处理国家和企业之间的经济关系时,为了区别于'财政',就把这一部分经济关系称之为'财务'。"足见当时财政与财务的"血缘关系",使我们可以理解财务制度对会计制度的"领导"地位。财政部颁布的财务制度,"是政府为强化对企业的财务管理而产生的,与企业资本国家所有制相关"。

3. 计划经济环境人们对会计含义的认识,造成了财务制度对会计制度的部分剥夺

众所周知,受前苏联会计理论和会计方法的影响,新中国成立后的30年间,"方法论""工具论"是我国会计界对会计性质认识的主流观点,这类观点将会计看作为记账、算账、报账。尽管"会计管理论"成为1980年以后的主流观点之一,但这一观点持的是一种"大会计"观,"会计是一种经济管理。它的职能是按照会计制度(包括财务制度)的要求,管理企业、单位的财务活动(就是一般教科书中所说的资金运动)。会计所管理的对象,既然是企业、单位经济活动中的财务活动,因而会计就是财务管理。"财务制度与会计制度有所分工,都属于会计范畴之内的事,财政部将颁发的企业会计制度限定为会计记录、报告,便不足为怪。1993年颁发的行业会计制度之所以也是如此,与几十年的计划经济惯性、计划

经济体制尚十分稳固、处于由计划经济向市场经济转轨的结合点有关。而进入市场经济体制建设时期后,尤其是伴随现代企业制度的建立和资本市场的培育、完善,企业已不再是政府的附属物,而成为市场的主体,成为真正的自主经营、自负盈亏、自我约束、自我发展的法人,具有独立的筹资权、投资权,国家财政与企业财务已失去原来的"父子"关系,财务管理便成为企业自己的独立行为,国家虽然仍是国有企业的所有者,有干预企业的权利,但应由原来的直接管理转为间接指导,以满足两权分离,发挥企业主动性、积极性、创造性的需要,因此不能像过去那样直接干预企业的财务活动,财务行为的规范应回归企业,由企业根据实际情况因地制宜地制定财务管理制度。另一方面,财务(Finance)的本意是与融资有关的范畴,筹资、投资、分配是现代财务的主要内容,因此财务管理也称为理财学。可见,财务的涵义已非同日而语,财务制度应是企业筹资渠道、筹资方式、筹资时机、投资方式、投资去向、投资时机等方面的预测、决策、计划、控制、组织、协调,以及收益分配政策等方面的规则,而不是传统意义上的确认、计量。因此,财政部不应再制定和发布财务制度,而应将原来财务制度的内容还给会计制度,实现会计制度在确认、计量、记录和报告规范上的完整性,恢复会计制度的本来面目。实际上,我国较早已进行了这方面的有益尝试,这就是 1992 年 5 月 23 日由财政部、国家体改委联合颁发,1992 年 1 月 1 日起在股份制试点企业施行的《股份制试点企业会计制度》,该制度由"股份制试点企业会计制度"和"股份制试点企业会计制度——会计科目和会计报表"两部分构成。第一部分主要对会计核算基本前提与一般原则、资产、负债、所有者权益、收入、费用、利润等方面的确认和计量进行了规范,包括以下15 章内容:总则、会计核算一般原则、流动资产、长期投资、固定资产、无形资产及其他资产、流动负债和长期负债、股东权益、成本和费用、营业收入、利润及利润分配、会计科目和会计报告、查账、终

止与清算、附则;第二部分是对会计记录和报告的规范。而财政部
1998年1月27日发布、同年1月1日起实施的《股份有限公司会
计制度》,由"股份有限公司会计制度——会计科目和会计报表"
和"特殊行业和特殊业务的会计处理规定"组成,又退回到过去的
会计制度轨道。可喜的是,2001年实施的《企业会计制度》已成
功地将原来的财务制度内容纳入到会计制度,又一次全面、完整地
实践了会计核算四个环节的规范,成为我国会计制度史、会计改革
中的又一座里程碑。另一个值得关注的事实是,新会计制度也纳
入了部分已发布实施的具体会计准则的内容,这是我们必须研究
和探讨的又一个新问题。

第二节　会计制度与会计准则

自1993年7月1日起,我国告别了单一的会计制度规范,以
"两则两制"为标志,进入了由会计准则和会计制度对会计核算的
双重规范时期。20多年来,关于会计制度与会计准则关系的讨论
一直没有中断过,其焦点在于会计制度与会计准则的关系上。对
此应从中外会计准则的演进及其与会计制度的比较中加以鉴别、
分析,不宜简单做出结论。

(一)会计准则历史的简要回顾

众所周知,美国是最早制定和实施会计准则的国家。美国公
共会计师协会(AAPA)早在1894年就提出按照变现速度的快慢
排列资产负债表项目的建议,1906年又提出暂行统一会计制度,
设计了统一格式的报告表,1917年以"统一会计"为题发表了资
产负债表标准格式和编制程序,1918年和1929年又进行了多次
修订。1929~1933年的经济大危机期间,有人指责会计实务中不
报告销售收入和折旧政策信息、不明确划分经营收益和非经营收
益、折旧处理与合并报告过于多样化等松散的状况,是资本市场崩

溃并陷入经济危机的原因之一。于是，1932年9月，经过充分地调查，时任"与纽约证券交易所合作特别委员会"的主席乔治·梅（Geroge O. May），以信件方式向纽约证券交易所和美国会计师协会（AIA）提出制定一些普遍接受的"会计原则"的建议，1933年该特别委员会提出了第一个会计原则草案，向纽约证交所和美国会计师协会提交了六项建议，1934年该证交所批准了其中的五项，美国会计师协会增补了一项，以六项"认可的会计原则"（Accepted principles Accounting）通过"公司账务审计"文告发表，包括：不存在未实现利润，不将任何溢余借记、以避开收益账户，兼并前子公司的已赚取盈余不能作为母公司的已赚取盈余，库藏股的股利不是收益，来自公司官员、职员的应收票据和应收账款必须分开列示，捐赠资本不导致盈余。1936年AIA成立了会计程序委员会，以"会计研究公报"方式发表该委员会认可的会计原则，但这些原则基本是对当时会计处理惯例的选择和认可，缺乏前后一贯性，就事论事，不能适应多变的经济环境。于是在1959年停止了该委员会的工作，成立了会计原则委员会（APB）和会计研究部，以"意见书"和"报告"的形式发布公认会计原则，但仍然存在原会计程序委员会所面临的责难，同时被指责不重视理论研究、所制定的准则前后矛盾、屈从于外部利益集团的压力、由大会计公司合伙人组成的该委员会存在准则制定中的利己行为等。1973年6月成立了独立的、不隶属于任何团体或组织的财务会计准则委员会（FASB），设立专门机构，拟订长期计划，注重理论研究，截至2000年末，已发布了一系列概念结构框架和140号公告，虽然这些公告内容分散，既存在多项会计准则规范同一会计事项的问题，也存在前后矛盾的情况，但仍是目前世界上较完整、较先进的会计准则，并对英国、加拿大、澳大利亚等主要英语国家和国际会计准则委员会产生了较大的影响。

总之，西方会计准则的产生和发展，一方面是随着市场经济发展的日益深入,规范企业会计行为、保证会计信息可靠性的需要;另一方面更是企业两权分离而形成的委托代理关系对企业受托责任的确认和解除的需要,也是企业外部对企业财务报表实施有效监管的产物。我们有理由相信,没有市场经济的高度发展,尤其是没有资本市场的发育和完善、没有投资主体的多元化和投资渠道的多样化,就不会有会计准则的面世及其完善。因此,会计准则从其诞生之日起,直接动因在于企业外部利益相关者对于评价、鉴定企业的需要,其次才是对企业会计行为的规范,并反过来作为评价、鉴定的依据。在我国,如果没有改革开放、没有社会主义市场经济,就不会有资本市场和现代企业制度,就不会有与国际会计惯例协调的问题,自然也不会有会计准则的制定和实施;另一方面,没有中国的具体国情,也就不会形成会计准则与会计制度并存并同时发挥效力的局面。而关于会计准则的含义和范围,至今尚各执一词,虽然这是会计学术自由、繁荣的体现,但在不同概念、前提下,将得出不同的结论,因此笔者不得不加以明确。

（二）会计准则的概念与范围

截至目前,会计准则主要是指财务会计准则。如上所述,在西方,这一概念的形成经历了由会计原则到会计准则的演进过程。20世纪70年代以前,人们主要采用"会计原则(Accounting Principle)"一词。最早定义会计原则的是1953年美国注册会计师协会所属"会计术语委员会"发表的《会计术语公报》第1号,它将会计原则作为会计行为的指针和确立会计行为或实务的基础;之后的美国注册会计师协会所属的"会计原则委员会"在1970年发表的第4号说明书《企业财务报表的基本概念与会计原则》中又进一步指出:"一般公认会计原则糅合了某一特定时刻有关下述事项之一致见解:何种经济资源及义务应依财务会计而当作资产及负债入账,资产及负债之何种变动入账,这些变动在何时入账,资产及负债及期间之变动应如何衡量,何种情况予以披露,以及应如何披露,乃至应编制何种会计报表等。"将会计原则作为如何确认、计量和报告资产、负债及其变动情况的一致性意见。但由于会计原则过于抽象,20 世纪 70 年代以后人们普遍接受了"会计准则"这一术语。尽管从严格意义上说,会计准则与会计原则是两个不完全相同的概念,但在使用过程中人们一般不加区别。而在会计原则的定义上虽然五花八门,但主要有广义和狭义两种理解:"从广义方面理解,会计原则是从会计理论到会计方法和程序的一种指导方针;从狭义方面理解,会计原则是恰当地进行会计工作的规范,即指导会计实践的指南,更具体地说,就是关于资产负债及其变动如何确认、计量、记录和揭示的规范。"在我国,较早提出研究会计准则的是葛家澍教授:"我们要认真研究资本主义财务会计的'公认会计原则'(GAAP),其中包括 70 年代发展起来的、适应跨国公司编制会计报表需要的国际会计准则。"而同时给予定义的是娄尔行教授:"会计原则或会计准则,是会计实践的经验总结,是指导会计工作的规范。它对会计工作提出要求,说明会计工作怎样做才符合认可的标准。会计原则在我国实践中无疑是存在的,但迄今尚完整地、系统的成文。建立我国会计理论体系,会计准则显然是重要工作的一部分。"1987 年,中国会计学会成立了会计准则研究组,极大地推动了我国会计准则研究的进程,并随着 1992 年"两则"的颁布,掀起了对会计准则研究的热潮,提出了许多颇有见解而又有所差异的会计准则定义,现择其要者列之如下:

"会计准则是以特定的经济业务(交易与事项)或特别的报表项目为对象,它详细分析各该业务或项目的特点,规定所引用的概念的定义,然后以确认与计量为中心兼顾披露,对围绕该业务或项目有可能发生的各种会计问题作出处理的规范。"①

---

① 葛家澍《关于我国会计制度和会计准则的制定问题》,《会计研究》,2001 年,第 7 页。

"会计准则是会计实践的经验总结,是进行会计核算的规范,是处理会计业务的准绳,也是指导会计工作的理论思想。"[1]

"所谓会计准则,是会计人员执行会计活动所应遵循的规范和标准,它也是对会计工作进行评价、鉴定的依据。"[2]

"会计准则是会计工作的规范性标准,是社会公认的会计业务处理的行为标准,包括会计基本假设,一般会计原则,会计要素的确认、计量、记录、报告的一般标准和具体会计处理标准。"[3]

"会计准则是在总结会计惯例的基础上、在会计原则或财务会计概念框架的指导下,由会计管理部门或会计专业团体制定的有关会计事项的确认、计量、记录和报告方面的具体处理规范。"[4]

不难看出,人们对会计准则定义的共同点是,会计准则是对会计核算或财务会计的规范,不包括管理会计的规范,重在对会计核算行为的规范;不同之处除了规范的范围(有的认为主要规范会计确认、计量和报告,有的认为还包括会计记录的规范)外,还有人从对象上提出了对会计事项或报表项目的规范,或从功能角度提出了会计准则的评价、鉴定作用。从实践中看,国外会计准则都是以会计事项或报表项目为规范对象,以有关对象的确认、计量和披露为规范范围,不包含记录的规范。在我国,"具体准则是根据基本准则的要求,就会计核算业务作出的具体规定。每项具体准则包括正文和指南两部分。其中,指南是对准则正文所作的解释,和正文一样,具有法律效力。"[5]指南中的解释主要是相关业务的会计处理,涉及到会计分录,但这是理解和应用某项准则的需要,是适

---

① 庄恩岳《中外会计准则比较》,北京:中国审计出版社,2000年,第4页。

② 刘峰《会计准则研究》,大连:东北财经大学出版社,1996年,第2页。

③ 刘仲文《会计理论与会计准则问题研究》,北京:首都经济贸易大学出版社,2000年,第125-126页。

④ 汪祥耀《会计准则的发展:透视、比较与展望》,厦门:厦门大学出版社,2001年,第36页。

⑤ 汪祥耀《会计准则的发展:透视、比较与展望》,厦门:厦门大学出版社,2001年,第36页。

应我国现实会计环境的需要,并不意味着会计准则具有会计记录功能。从历史上考察,会计准则正是基于企业的两权分离、委托代理关系的复杂化,以及信息的不对称所产生的评价、鉴定需要而逐渐形成并日臻完善的,离开了评价、鉴定依据,会计准则将失去其存在的基础,从会计准则主要适用于上市公司或股份有限公司这一普遍现实中也足以证明这一点。

有人在进行中外会计准则比较中,将我国原有的行业会计制度作为我国的会计准则;有人认为,"法国的'统一会计制度',无论在内容上、还是在作用上,都与会计准则相仿"。如果真是这样,为什么我国还要单独研究、制定、发布和实施会计准则(Accounting Standards),而不在原有的会计制度(Accounting System)基础上进行"准则"式的改造?为什么还会存在二者关系的争论?答案是不言而喻的。当然,我国的行业会计制度中包含着会计信息披露的内容,行业财务制度中主要规范的也是有关会计确认、计量问题,所有这些都是会计准则的主体内容,如果说1993年以前我国存在会计准则的话,只能说存在目前一些会计准则所规范的内容,采用的形式是有关会计制度和财务制度,但不能据此将会计制度与会计准则划等号。

(三)会计制度特征

与会计准则比较而言,会计制度虽然也是对会计核算行为的规范,也属于行政规章,也具有强制性,但二者仍存在不可忽视的差异,对此人们有不同的认识。例如:葛家澍教授认为,二者主要存在两个方面的差异:一是规范对象不同,会计准则按照经济业务或事项规范,会计制度按照一个企业规范;二是规范的重点不同,会计准则侧重于确认、计量的规范,会计制度侧重于记录和报告的规范,并将确认和计量的内容有机地体现在会计科目及其说明中,"准则重点是规范会计决策过程,而制度是重点规范会计的行动和结果"。"准则比较抽象,比较难学难懂;而制度比较具体,容易了解和操作。但准则的优点是能够提高会计人员的职业判断能力,掌握财务会计的全过程,并能举一反三,增强解决新问题的本领;制度的优点是容易被广大会计人员所接受,操作方便,易懂易学。"二者的优缺点具有互补性,可以结合起来运用。陈毓圭博士提出:"从现行会计准则和会计制度看,表现形式、体例结构、详略程度、政策选择方面存在一定区别,但所涉及的内容基本上是相同的,相互之间的关系确实需要理顺,从而形成有分工又有协调、结构严密的中国会计规范体系。"并认为,二者关系的新模式应该是"会计准则主要规定确认、计量和披露标准,而会计制度则主要提供会计记录指南"。不赞成"会计准则偏重理论、会计制度偏重实务""会计准则是抽象的、会计制度是具体的""会计准则是原则、会计制度是方法"等观点,认为这些观点"无法正确界定会计准则与会计制度的关系,对于指导会计改革实践也是有害的"。汪祥耀博士总结了三个方面的差异:第一,会计制度仍受计划经济的影响,行业特征和所有制特征明显,行业之间的兼容性和可比性较差,而会计准则是对会计事项的规范,克服了会计制度的上述缺陷;第二,会计制度主要解决会计记录和会计报表编制问题,而会计准则主要解决会计事项的确认、计量、呈报和披露,必要时涉及一些记录方面的规定;第三,会计制度适用于各行业、各种规模的企业,规定具体详细、可操作性强,但缺乏灵活性,而会计准则通常适用于一般的上市公司和较大型的企业,灵活性强,二者具有互补性,将长期并存。

可见,人们在财政部颁行的行业会计制度前提下,对"会计准则主要规范会计事项的确认、计量,具有较强的灵活性,会计制度主要规范企业会计记录和报表编制"已基本取得共识。实际上,会计作为一个完整的信息系统,是确认、计量、记录和报告的统一体,缺少任何一部分都不是完整意义上的会计,会计制度也应是这四个方面的完整、系统的规范。严格说，只从事记录和报告的工作，只能称之为簿记，过去的行业会计制度，主要是对记录、报表（还谈不上报告）的规范，因而本质上是簿记制度。截至目前，我国比较科学、完整的会计制度，当属 2001 年实施的企业会计制度（以下称新会计制度），这一新会计制度涵盖了会计确认、计量、记录和报告全过程，并融入了部分会计准则内容，从而给出一个全新的会计制度概念。

笔者认为，与会计准则比较，会计制度的主要特征可以归纳为以下四个方面。

1. 会计制度具有内容上的双重完整性

会计制度从会计确认、计量、记录和报告四个环节全面完整地规范会计核算内容与会计核算行为；而会计准则是对单项业务核算的确认、计量与报告的规范。有人认为，会计准则也具有整体性，会计准则之间相互联系、相辅相成、相互制约、前后一贯，从而形成一个完整的会计准则体系。诚然，会计准则同会计制度一样，也是对会计要素的规范，不能漏掉任何一个要素，从这个意义上说，会计准则、会计制度都具有整体性。但是，会计制度是一个涵盖确认、计量、记录和报告在内的完整的规范体系，会计准则不规范会计记录问题，即便是报告的规范也是不完全的，因为它不规范报告的具体格式及其编制方法，此其一；其二，会计制度对各个类别的常规的会计事项都要规范，而会计准则尽管涉及到会计要素的各个方面，采用会计事项规范方式，但并不是所有会计事项都有准则规范，如货币资金、产品成本、管理费用、营业费用等，较为完整、全面的美国会计准则也没有这方面的完整规范，有些准则（如 FASB NO. 1《外币折算信息的披露》、NO. 8《外币交易会计和外币财务报表》等）虽涉及于此，毕竟是零散、不全面的，我国也是如此，尤其是由于条件限制，我国已发布的会计准则（1 项基本准则和 16 项具体会计准则）在内容上的不完整性更是人所共知的，即使实现了既定的准则制定目标,也不会达到会计制度的完整性。可能有人说,准则规范的会计事项,会计制度也不一定有规范,如FASB第133号《衍生工具和套期活动的会计处理》准则。我国的会计准则暂时没有这一规范,与我国现行经济环境的限制密切相关,同理,会计制度没有这方面的规范也是顺理成章的。

2. 会计制度具有形式上的多重系统性

从目前结构看,新会计制度包括企业会计制度、金融企业会计制度、小企业会计制度三类,每一类制度又统辖特定范围的会计规范,并正在结合行业特点,研究和制定分行业的专业核算办法,加上企业自身的会计制度,形成纵向与横向(行业会计制度)有机结合的会计制度网络(如图3-1);而会计准则是对有关会计项目的规范,虽然有基本准则和具体准则的层次,基本准则对具体准则有指导、统驭作用,但仍然只是一个系统。

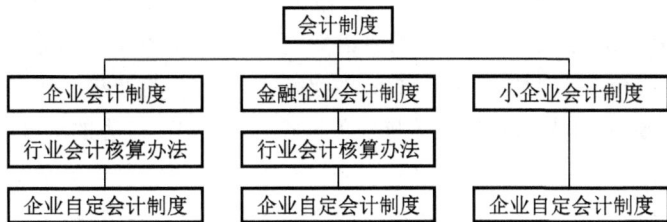

图3-1 会计制度示意图

3. 会计制度具有运行上的较强操作性

会计制度因为规范的详尽性、具体性,以及语言的通俗性,从而一方面具有示范性的作用,另一方面也具有较强的操作性;会计准则由于规范的概括性、一般性和语言的抽象性,虽然具有举一反三的优点,但正因为此,才削弱了它的可操作性。

4. 会计制度具有适用范围的广泛性

这里至少有两个层次的问题:就财政部颁行的会计制度来看,

无论是分行业的会计制度还是不分行业的会计制度,其适用范围都是或将是所辖范围内的所有企业,但会计准则中有一部分只限于上市公司或股份有限公司(虽然是暂时的),如财政部已发布的《资产负债表日后事项》《收入》《投资》《建造合同》《中期财务报告》《固定资产》《存货》等具体准则;其次,任何大中型企业都制定和实施适合自身特点的会计制度,即使小企业也有这方面的成文或不成文的规范,但却不执行、也不宜执行会计准则,国内外均如此。

综上所述,新中国成立以来,我国会计制度形式上可以分为两个阶段:单一会计制度(1993年7月1日前)阶段和会计制度与会计准则并存阶段(1993年7月1日以来)。表面上看,单一会计制度时期的会计制度只是会计科目和会计报表的规范,较少涉及会计确认、计量,实际上,如上所述,这两项内容是在财务制度(这里指财政部颁行的财务制度,不包括企业自身制定的财务制度,下同)中规范的,这是与我国当时的经济体制和经济环境相适应的,是计划经济下"财政决定财务、财务决定会计"的产物。确认、计量、记录和报告本来是会计核算的四个基本环节,过去的会计制度只能说是人为造成的不完整的会计制度(只是簿记制度),将确认、计量纳入会计制度是恢复会计制度的本来面目,是市场经济环境下过去的财务制度归还给会计制度的需要。因此,单一会计制度时期的国家统一会计制度,是由财政部颁发的会计制度和财务制度共同构成的。在会计制度和会计准则并存阶段,会计准则主要是规范会计核算中的确认、计量及其报告问题,但这里的报告主要是有关项目在财务会计报告中的披露内容、披露方式等,与会计制度中的财务会计报告比较,是一种单项的、个别的报告规范,并不规范报告的种类、格式,因此会计准则主要是规范会计确认、计量两个方面,是对过去财务制度的替代,但不是简单的替代,而是以国际会计规则为目标进行的具有一定超前性的规范,是一种质的飞跃式的替代。

诚然,我们已经注意到,有一部分会计准则(如《非货币交易》《或有事项》《关联方关系及其交易》等)的内容已纳入到《企业会计制度》规范,今后随着准则规范的日渐成熟,将会有更多的会计准则内容纳入到会计制度规范,但这不是简单的重复,而是将会计准则的语言转换为会计制度的语言,将会计准则的形式转换为会计制度的形式,实现了会计准则与会计制度的优势互补,最终以会计制度的形式直接规范企业的会计行为,因此这不是会计制度隶属于会计准则的证明,恰恰说明会计准则落实于会计制度,具有为会计制度服务的功能。还有一种常见的观点认为,我国目前实行会计准则与会计制度并存的"双轨制",是由于企业会计人员的素质较低、不适应由准则直接规范,言外之意是,随着国民素质的不断提高和会计人员素质的改善,最终会计准则将取代会计制度,那时会计制度将不复存在。

笔者认为,根据我国的会计环境,不宜取消统一会计制度。退一步说,即使具备了这样的条件,财政部不再颁布统一会计制度,但也不等于会计制度的消亡,因为各个行业协会、企业还必须根据自身特点制定会计制度,只是其规范的范围较国家的统一规定狭窄一些罢了,实际上以会计准则规范为主的西方国家也存在会计制度,如美国。因此,只要存在会计行为,就必然存在会计制度,只是不同国家、同一国家不同时期会计制度的适用范围有所不同而已。

第三节 会计制度与会计标准

在当今的标准化时代,作为社会经济公共产品的会计信息,自然也有标准化的要求,会计制度作为生产会计信息的规则,与会计标准必然产生密切的联系。标准是对重复性事物和概念所作的统一规定,是以科学、技术和实践经验的综合成果为基础,经有关方面协商一致,由主管机构批准,以特定形式发布,作为共同遵守的准则和依据。标准化是指在经济、技术、科学及管理等社会实践中,统一重复性事物和概念的标准,以获得最佳秩序和社会效益的过程。其中,"最佳秩序"是指通过实施标准,提高标准化对象的有序化程度,以发挥其最好的功能;"社会效益"是指通过发挥标准的最佳系统效应,产生理想的社会效果。1988 年 12 月 29 日,全国人民代表大会常务委员会七届五次会议通过了《中华人民共和国标准化法》,1989 年 4 月 1 日起实施,1990 年 4 月 6 日,国务院颁行《中华人民共和国标准化法实施条例》,对我国产品生产的技术标准等进行了全面的规范。《标准化法》将我国的标准分为国家标准、行业标准、地方标准、企业标准四级,此外还有国际标准。国际标准是指国际标准化组织(ISO)和国际电工委员会(IEC)制定的标准,以及国际标准化组织目前认可的 27 个国际组织制定的标准;国家标准由国务院标准化行政主管部门制定,是我国标准体系中最高一级标准,其他各级标准不得与之相抵触;行业标准由国务院有关行政主管部门制定,是某个行业范围内统一的技术要求,地方标准和企业标准均不得与之相抵触;地方标准由省、自治区和直辖市标准化行政主管部门制定,可作为国家标准和行业标准的补充;企业标准由企业自己制定的用于企业内组织生产、经营活动的标准,但其技术水平可以是最高的一级标准。此外还有强制性标准和推荐性标准,前者是国家要求必须强制执行的标准,后者是国家鼓励自愿采用的具有指导作用而又不宜强制执行的标准。

可见,标准就是一种规则或准则,具有抽象性、技术性、经济性、继承性、约束性、政策性等特征,并分为国家标准、行业标准、地方标准、企业标准四级,由国家法律、行政法规、行政规章、地方法规和企业的制度分别规范,联系到我国会计规范中,会计法、国务院会计法规、财政部会计规章、地方会计法规和企业制定的会计制度的级次安排与之完全一致,联系到国际方面,由国际会计准则委员会制定的《国际会计准则》(IAS)也同样与之匹配。因而,会计中同样存在国际标准、国家标准、行业标准、地方标准和企业标准,正因为此,我国出现了与此外延相同的会计标准、会计标准化的概念。较早提出这一概念的是于玉林教授:"会计标准,是组织和评价会计工作制定的准则和依据,对会计核算、会计管理、会计组织和会计人员的职业道德都要指定会计标准,以便据以组织和评价会计工作;可见,会计规范和会计标准是含义相同的两个概念,会计规范即会计标准。""会计标准化是按会计标准实施会计工作的过程。"并将会计标准分为会计基础标准、会计核算工作标准、会计管理工作标准和会计事务管理标准。

可以说,这是一个广义的会计标准概念。此外还有一种狭义的概念,将会计准则和会计制度统称为会计标准,如"新世纪伊始,财政部发布的《企业会计制度》和相关会计准则(以下统称'会计标准'),就是在总结多年来我国会计改革成功经验的基础上,厚积薄发,进行的一次跨越式改革。""当前世界上,会计准则并不是唯一的会计标准表现形式。有些国家的会计标准表现为会计准则,还有一些国家的会计标准表现为会计核算制度。会计准则也好,会计核算制度也好,均只是会计标准的表现形式;那种认为制定会计准则就是会计标准改革,制定会计核算制度就不是会计标准改革的观点,是站不住脚的。""在中国会计标准的具体制定方面,在随后的各项具体会计准则和会计制度的制定过程中,我们始终坚持这样一条原则:只要与中国现行的法律法规不相矛盾,中国的经济实务与国际会计准则所针对的经济实务一致或者接近,在实务操作上又可行的,就大胆地借鉴国际会计准则,实现中国会计与国际会计惯例的充分协调。"① 因此,一般所讲的会计标

---

① 冯淑萍《关于中国会计标准的国际化问题》,《会计研究》,2001 年第 1 期,第 11 页;第 11 期,第 7-8 页。

准是只包括会计准则和会计制度在内的狭义会计标准。

另外,在英文中,"Standard"有标准、规范、统一、规格等含义,"Accounting Standards"完全可以译成"会计标准","International Accounting Standards"可以译成"国际会计标准",但法国执行的是国家统一会计制度——"会计总方案(Plan Comptable General)",没有"Accounting Standards",我国是"Accounting Standards"与"Accounting Systems"并存,实际上都是会计核算的标准,为了区别,将"Standard"译为"准则"更合理。上述狭义的会计标准概念侧重于对会计核算规则、会计信息质量的规范,强调我国的会计准则和会计制度与国际会计规范协调的问题,即突出中国会计标准与国际会计标准协调化;而广义的会计标准概念重在各方面、各层次会计工作的标准化,包括会计核算工作、会计管理工作、会计组织工作和会计人员职业道德诸方面的标准化,强调各级会计标准的约束力、约束范围和约束内容,同时也涉及有关国际协调。无论何种概念上的会计标准,在制定过程中都要从特定的环境出发,尽力满足会计信息使用者要求,有利于促进社会经济的发展,有利于会计行为的统一、协调和高效,建立稳定的会计秩序,充分发挥会计标准在会计理论与会计实务之间的桥梁作用。在我国,已如上述,作为会计标准之一的会计制度,与会计准则具有不同的特征和功能,也是会计准则不能替代的标准规范,但在制定过程中必然也必须涉及、考虑其他会计标准。

第四节　会计制度与会计惯例

据《辞海》解释,"惯"有习惯、惯常之意,"惯例"也称为"例""成例""通例""旧例",是法律上没有明文规定、但过去曾经施行、可以仿造办理的做法,英国等国家司法的"判例法",是这一概念最贴切的应用。我国较多使用"会计惯例"一词是20世纪90年代以后。人们对会计惯例涵义的认识基本是一致的,即会计人员在会计实务中的习惯做法或普遍采用的程序和方法,例如,"会计惯例是指会计实务中的一些习惯做法。"[①] "会计惯例是指在会计实践中形成的,为从业人员和社会所公认的,虽不是成文规定但是在一定时间和范围内处理会计事项的一种规范。"[②] "会计惯例原指会计人员普遍采用的会计程序和方法。这种程序和方法最早来自于习惯,后来成为流行的惯例。"[③] 它作为无形的、会计人员内在意识的约束,也是一种内化性规范或自律性规范。[④] 而今,"会计惯例"一词在具体使用上出现了一些偏差,即脱离了"惯例"的本意,如"与国际会计惯例协调""与国际会计惯例接轨"等人所共知的提法。产生这一问题的时间主要是 1993 年"两则两制"以后,原因之一恐怕与翻译有关。通常我们将"Accounting convention"译成"会计惯例",其中 convention 除了具有"协定""习俗"之意外,还有"常规"的意思,可以理解为"通常的规则",这与我们上文对会计惯例的理解是一致的。而我们所说的"国际会计惯例"实际是指"国际财务会计惯例",其相应的英文却是"International Financial Accounting Practice",尽管"Practice"有"习惯"的含义,但这里显然不只是指国际上不成文的习惯,而是指大多数国家会计实务中的一些共同或相似的做法,包括成文和不成文两个方面,成文部分已形成有据可查、有字可依的规则(rules),不成文部分才是惯例(conventions)。因此,将原来"国际会计惯例"称为"国际会计规范"更合适,其中成文部分称为"国际会计规则",不成文部分才是真正意义上的"国际会计惯例"。香港会计实务公告将"惯例"与"实务""规则""方法""程序"作为同一术语,不利于有关

---

① 张白玲《会计基本理论》,北京:中国财政经济出版社,1998 年,第 152 页。

② 于玉林《现代会计结构论》,大连:东北财经大学出版社,1997 年,第 226 页。

③ 葛家澍《国际通用语言国际会计惯例财务会计未来发展》,《对外经贸财会》,1996年。

④ 陈亚民《会计规范论》,北京:中国财政经济出版社,1991 年,第 31 页。

会计概念的界定和分析。[①] 作为会计人员在长期的会计实践中总结积累的、为多数人普遍接受和采用的习惯做法,会计惯例具有自发形成并不成文的特点,进而没有强制约束力。随着政治、经济、法律、文化等环境的变化,会计惯例也在不断变化,因而稳定性不强,适用范围也较窄。但成文来源于不成文,会计惯例是会计制度、会计理论的重要来源,可以说,没有千百年来的不断汰旧立新的会计惯例,就不会有现代会计,也不会有现代会计制度和会计理论,后者又进一步促进了会计惯例的新陈代谢和发展。与会计惯例不同,会计制度是一种成文的会计规则,具有系统性、完整性、稳定性和强制性,会计惯例虽然涵盖会计确认、计量、记录和报告各个方面,但十分零散。

---

① 葛家澍《国际通用语言国际会计惯例财务会计未来发展》,《对外经贸财会》,1996年。

第四章 会计制度的功能

"工欲善其事,必先利其器",而欲利其器,必先知器之功效。功能是指事物所具有的功效、能力、作用,而作用又是指"人或事物在一定的环境或条件下产生的影响或变化的功能"。[①] 可见,功能与作用是同义语。任何事物都具有其一般的、基本的功能,但同一事物针对同一空间不同时间环境、同一时间不同空间环境,将表现出不同的功能。会计制度不仅如此,而且表现得尤为突出。正如我们从上一章所看到的,从不同角度考察,会计制度呈现出不同的特征;同样,将会计制度从不同角度分析、置于不同环境之中,我们将会发现会计制度的不同功能,从而对会计制度有一个全新的认识。充分认识、理解和发掘这些功能,不但是完整地把握会计制度概念与特征的需要,更是确立会计制度目标、深化会计制度理论、完善会计制度建设的基础。

第一节 会计制度的一般功能

会计制度的一般功能是指会计制度本身所具有的基本能力。我们知道,制度作为某种行为规范,可以规范人们的行为并提供有效秩序,设定本利结构,从而进一步分析人们的行为,通过节约交易费用而增加社会价值,通过客观信息的传递使社会共享制度收益,通过克服个人理性获得集体收益。笔者认为,作为制度的分支之一,会计制度具有同样的功效,具体化到会计领域并通过会计领域延伸至经济领域乃至社会领域,其一般功能可以概括为以下诸方面。

---

① 辞海编辑委员会《辞海》,上海:上海辞书出版社,1979年,第528页。

（一）规范会计行为

1. 会计行为与行为会计

会计制度是对会计行为的规范,而不是对行为会计的规范,对此我们应该有清醒的认识。这里的会计行为是指财务会计行为,是会计行为主体在其内部动因驱动和外在环境刺激下,按照会计行为目标的要求,遵照一定的行为规则,利用会计所特有的理论、方法和手段,对会计主体的交易、事项进行处理,形成会计信息并传递给有关使用者的一种实践活动。行为会计是行为科学与会计学有机结合而形成的一门交叉性、边缘性会计学科,是以人类学、社会学、心理学的一些原理、原则,反映会计制度对企业组织和人的行为影响为内容的一种专门会计。行为会计的对象是会计行为者、会计行为的过程与结果及其对有关方面的社会影响和影响程度,以及有关方面怎样利用会计信息进行决策等。因此,行为会计主要内容包括:会计行为主体中的会计人员和会计组织的会计行为;企业管理当局、股东、债权人、政府机构、社会公众对会计信息的需求及其受会计行为的影响;注册会计师以及会计准则制定机构对会计行为的影响等。其范围涉及到财务会计、管理会计和行为科学诸多方面,包括人类行为对会计系统的设计构造和使用的影响、会计系统对人类行为的影响、会计的预测和策略方法对人类行为的影响等。

毋庸置疑,行为会计与会计行为具有天然的联系,但也存在不可忽视的区别。二者一致之处表现在:都是以会计为基础、具有会计的基本特征;目标都在于满足会计信息使用者的有关需要;会计行为寓于行为会计之中,二者具有相互包容、相互沟通的关系。差别主要表现在:第一,性质不同。行为会计是研究会计行为规律的学科,会计行为是会计行为者有目的的具体实践活动。第二,研究客体不同。行为会计的研究客体是会计行为者、会计行为的过程与结果及其对有关方面的社会影响和影响程度,会计行为的客体是会计信息及其处理和传递过程。第三,范围不同。行为会计研究范围包括人类行为对会计系统的设计构造和使用的影响、会计系统对人类行为的影响、会计的预测和策略方法对人类行为的影响等,会计行为的范围主要是生产和提供财务会计信息和管理会计信息的行为。第四,理论基础不同。行为会计的理论基础包括人类学、社会学、心理学、行为科学、经济学、会计学、组织行为学、管理学等,会计行为的理论基础主要是会计理论和会计技术方法。第五,构成要素不同。行为会计包括基础理论、行为科学在管理会计中的应用、行为科学在审计中的应用等,会计行为包括会计行为主体、会计行为客体、会计行为手段、会计行为动机等。第六,约束机制不同。行为会计受行为科学、会计学、伦理规范等方面的约束,会计行为主要受社会性规范和伦理性规范的约束。第七,历史不同。行为会计起源于 20 世纪 60 年代,会计行为则同会计的产生一样久远,对会计行为的规范也是随着环境的变化和技术的进步逐步完善的。

2. 会计制度对会计行为的规范

从会计行为的内容看,不外乎会计确认行为、会计计量行为、会计记录行为和会计报告行为,会计制度对会计行为的规范是通过对具体会计工作人员的行为约束实现的。在会计确认行为的规范方面,某一项交易、事项是否入账并计入会计报告,需要会计人员的职业判断,而判断的重要依据之一,是会计制度中的相关规则,如会计核算基本前提、会计核算一般原则、会计要素的定义,以及各个核算项目的认定标准等;在会计计量行为的规范方面,会计制度中规定了各项流动资产和非流动资产的入账价值、出账价值,以及在财务会计报告中披露价值的计量方法;在会计记录行为的规范方面,会计制度直接规定了应使用的记账方法,规定了会计科目的设置、各个会计科目的使用说明,以及主要经济业务的账务处理举例,尤其在《会计基础工作规范》中详细规范了原始凭证和记账凭证的种类及其登记要求,规定了会计账簿的设置及其登记要求以及错账更正、对账、结账等内容;在会计报告的规范中,会计制度具体规定了会计报表的种类、格式、编制说明,以及会计报表附注等内容。会计制度中的这些规则,无疑具体、详细地规范了会计人员的相关行为,这也正是会计制度富于操作性的源泉所在。

(二)纠正会计行为

纠正会计行为功能,是指通过对现实会计行为偏离会计制度或利用会计制度漏洞的分析后,有针对性地作出新的制度修订和实施实现的,因而也可称为分析会计行为功能。现实中,某些企业单位为了自身利益,针对会计标准采取合法或违法乃至犯罪的利己行为,这在我国近几年表现得尤为突出,特别是大量的资产"泡沫",造成了许多公司虚盈实亏,某些不法之徒利用会计制度的缺陷,通过债务重组等手段,人为"创造"利润,使得会计由一门科学转化为一门"艺术"、甚至"魔术",极大地削弱了会计信息质量,严重损害了相关者的合法利益,致使会计造假行为成为社会公害,使得会计信息的可靠性问题成为一个社会问题,引起全社会的高度重视,"不做假账"的讨论更加发人深思。尽管各种不良甚至违法会计行为有多种原因,但会计制度中的缺陷是其重要原因之一。在2001年会计制度的改革中提取了八项资产减值准备、债务重组收益计入资本公积等新规则,无疑对治理上述不良会计行为具有严格的限制作用,而任何一项会计制度改革,首先要分析原有制度对会计行为的影响,分析现实中会计行为与制度规范的关联度,从而应对出新的规则,实现对某种或某些不良会计行为的规治。

(三)提供共同信息

为了保证会计信息的可比性,作为会计人员从事会计工作依据的会计制度必须是公开的,并为会计人员所掌握。会计制度所包含的各项规则本身就是一种信息,它告之会计人员应该如何把握会计行为。会计制度的颁布就是将这些信息免费公之于众,使之成为会计人员共同遵守的职业信息,并要求相关企业单位执行。会计信息本身是一种公共信息,微观上关乎相关使用者的决策可靠性及其合法权益,宏观上涉及社会稳定和国计民生,会计信息的客观性、可比性、相关性、可理解性、及时性作为衡量会计信息质量的重要尺度,对于发挥会计信息的社会功能至关重要,因此会计制度也必须作为公共信息为社会公众所了解,为他们评判会计信息质量以及会计信息使用者、社会监管部门评价会计信息质量提供重要依据。此外,会计作为国际通用的商业语言,所生产的会计信息不仅要满足所在国家使用者的需要,同时也要为不同国家的会计信息使用者所理解。

(四)节约交易费用

与上述会计制度的功能相联系,国家统一会计制度的确立,既通过会计人员共同遵守的规则,保证了会计信息的质量,同时,会计制度作为会计工作中的共同信息,具体规范了会计行为,从而减少了各个会计人员独自寻求公认会计规则的时间和费用,自然有助于节约交易费用。

第二节　会计制度在内部控制中的功能

"控制"的原意是指驾驭、支配,[①]"劲兵重地,控制万里"。在这里,至少涉及作用者(支配方)和被作用者(受支配方)两个方面。控制就是通过作用者对被作用者的一种能动作用,使被作用者按照作用者的作用而行动,以便达到系统预定目标的过程。而关于内部控制的含义、内容,目前尚没有取得一致的看法,这与人们对内部控制的认识进程有关。1936年,美国注册会计师协会和联邦储备委员会在发布的《独立公共会计师对会计报表的审查》文件

---

① 辞海编辑委员会《辞海》,上海:上海辞书出版社,1979年,第1610页。

中,第一次给出了内部控制的定义,即"为了保护公司现金和其他资产的安全、检查账簿记录准确性而在公司内部采取的各种手段和方法"。这时的主要出发点是防错纠弊,是内部控制的"内部牵制"阶段。1949 年,美国注册会计师协会(AICPA)给出的定义是:"所谓内部控制即是企业为了保证财产的安全完整,检查会计资料的准确性和可靠性,提高企业的经营效率以及促进企业贯彻既定的经营方针,所设计的总体规划及所采用的与总体规划相适应的一切方法和措施。"[①] 将内部控制与规划、预算等联系起来,突破了内部牵制的限制。1958 年,AICPA 所属的审计程序委员会(CPA)在《独立审计人员评价内部控制的范围》公报中,又将内部控制分为内部会计控制(Internal Accounting Control)和内部管理控制(Internal Administrative Control),但由于实务中二者不易划分,1972 年 AICPA 所属审计准则委员会(ASB)将二者进行了重新定义:"管理控制包括(但不限于)组织规划及管理部门业务授权决策过程有关的程序和记录。这种授权是直接与达到组织目标的责任相联系的管理职能,是对经济业务建立会计控制的出发点。会计控制包括组织规划和涉及保护资产与财务记录可靠性的程序和记录……" 1986 年,最高审计机关国际组织在第十二届国际审计会议上发表的《总声明》中,又将内部审计纳入内部控制范畴,[②] 使得内部控制进入了"内部控制制度"阶段。1988 年,AICPA 发布的《审计准则公告第 55 号》中以"内部控制结构"取代了"内部控制制度":"企业内部控制结构包括为提供取得企业特定目标的合理保证而建立的各种政策和程序。"并将该结构分为控制环境、会计制度和控制程序三个要素,强调了内部控制的环境作用,突出了会计制度的核心地位,在我国 1997 年 1 月 1 日实施的《独立审计准则第九号——内部控制与审计风险》中,也将内部控制制度

---

① 阎达五、杨有红《内部控制框架的构建》,《会计研究》,2001 年,第 9 页。

② 王世定《企业内部控制制度设计》,北京:企业管理出版社,2001 年,第 9-10 页。

定义为,被审计单位为了保证业务活动的有效进行,保护资产的安全和完整,防止、发现、纠正错误与舞弊,保证会计资料的真实、合法、完整而制定和实施的政策与程序,由控制环境、会计系统和控制程序构成,表明内部控制进入了"内部控制结构"时代。1992年成立的资助组织委员会(Committee of Sponsoring Organizations of the Treadway Commission, COSO)发布了《内部控制——整体框架》,1994年进行了修订,指出"内部控制是由企业董事会、经理阶层,以及其他员工实施的,为财务报告的可靠性、经营活动的效率和效果、相关法律法规的遵循性等目标的实现而提供合理保证的过程",并将内部控制整体框架界定为控制环境、风险评估、控制活动、信息与沟通、监控等五个要素,[①] 将企业的人、财、物、技术、信息等各个方面均纳入内控的范围,强调了内部控制的整体性、各项要素的紧密关联性、环境约束性、控制手段的多样性、控制参与的全员性等,将内部控制引入"内部控制整体框架"的新时代。

通过上述关于内部控制概念及其内容的简要回顾,我们不难发现,内部控制的"内部牵制""内部控制制度""内部控制结构"和"内部控制整体框架"四个发展阶段,始终是围绕防错纠弊、保护财产的安全完整、保证会计信息的可靠性进行的,会计控制构成了内部控制的关键和核心,会计制度在内部控制发展和完善过程中具有独到的、不可替代的功能。

(一)构建内控纽带

内部控制理论中,目前比较权威的是 COSO[②] 所提出的五要素,涵盖了至今为止所认识的内部控制的各个方面。其中,控制环境涉及企业纪律、企业文化等方面,影响企业员工的控制意识,是

---

① 王世定《企业内部控制制度设计》,北京:企业管理出版社,2001年,第11-13页。
② 1992年9月,美国注册会计师协会、美国会计学会、财务执行官协会、国际内部审计协会和管理会计师协会共同组建的资助组织委员会,英文是:Committee of Sponsoring Organization of Treadway Commission,缩写为 COSO。

内部控制的建立基础,主要包括诚信原则、道德价值观、各工作岗位应具备的知识和技能、董事会和审计委员会、管理哲学和经营风格、组织结构、责任的分配与授权、人力资源政策等。风险评估主要是分析和辨认实现既定目标可能发生的风险,包括实现绩效和获利目标、保障资产的安全、保证对外报送真实的财务报告、遵循国家的相关法律法规等所面临的风险评估。控制活动主要是确保管理阶层的指令得以执行的政策及程序,如核准、授权、验证、调节、复核营业绩效、保障资产安全及职务分工等,包括高层经理人员对企业绩效的分析、某一部门经理人员对所负责部门的业绩报告的检查、对信息处理的控制、保护各项资产的实体安全和定期盘点、绩效指标的比较、不相容职务的分离等。信息与沟通主要包括所有员工从最高管理阶层完整准确地获取承担控制责任的信息,向上级部门沟通重要信息,对外界顾客、供应商、政府主管机关和股东等作有效的沟通等,这里的信息主要包括采购资料、销售交易资料、内部营业活动资料、内部生产过程资料、显示本企业产品的需求发生改变时某种特定市场或行业的经济资料、用于企业生产的商品的资料、显示顾客偏好的市场情报、竞争对手产品开发活动的信息、立法机关与行政机关所发布的信息等。监督是由适当的人员,在适当及时的基础上,评估控制的设计和运作情况的过程,主要包括持续监督、个别评估两部分。持续监督包括负责营运的管理阶层在履行其日常的管理活动时,取得和评价内部控制系统持续发挥功能的资料;外界团体对内部信息正确性的验证,各个相关职务的分离、防止舞弊情况,外部稽核人员对强化内部控制系统的建议等。个别评估是指持续监督程序以外的例外、临时性评估以直接监视控制系统的有效性,这种做法可评估持续性监督程序。评估的范围和频率,视风险的大小及控制的重要性而定。此外还包括内部控制报告缺陷的审核等内容。上述五个要素是相互联系、相互作用的一个整体,其内在关系可以描述如图 4-1。

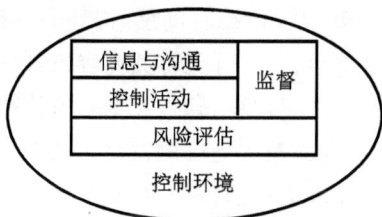

图 4-1　内部控制关系图

　　可以看出,在上述五要素中,除了控制环境外,其他四个要素涉及企业经营管理的各个方面,并以会计信息为基础。就我国来看,在有关内部控制内容的规定和学术探讨中,也都是以会计信息为其构建基础的。例如,证监会在 2001 年发布的《证券公司内部控制指引》中,将内部控制的主要内容界定为:环境控制、业务控制、资金管理控制、会计系统控制、电子信息系统控制、内部稽核控制等。其中,环境控制包括治理结构控制、管理思想控制、员工素质控制、授权控制等;业务控制包括投资银行业务控制、自营业务控制、资产管理业务控制、金融创新业务控制等;资金管理控制包括资金营运的安全性控制、流动性控制、效益性控制、风险控制,以及资金管理绩效评价等;会计系统控制包括会计信息生成和财务收支的合法性控制、成本控制、财产安全性控制、会计档案的安全性控制等;电子信息系统控制主要是相关系统的安全性控制;内部稽核控制主要是内部控制制度执行情况的检查、评价和报告等。财政部在 2001 年 6 月发布的《内部会计控制规范——基本规范(试行)》中,将内部会计控制的主要内容归纳为:货币资金、实物资产、对外投资、工程项目、采购与付款、筹资、销售与收款、成本费用、担保等方面。有人将内部控制制度分为销售控制、采购控制、存货存储控制、生产控制、固定资产控制、财务控制、会计控制、投资控制、内部审计、分支企业内部控制和行政内部控制等制度;[①]

① 虞文钧《企业内部控制制度》,上海:上海财经大学出版社,2001 年。

也有人将其简要的分为管理控制制度、内部会计控制制度和企业内部审计控制三个部分;[1] 还有人将其内容概括为人力资源控制、财务控制、会计控制、生产控制、营销控制和审计控制六个方面。[2]

我们不难发现,内部控制制度触及到企业单位的各个角落,其中心内容在于企业经济运行的控制,控制的主线是会计控制,控制制度延伸到那里,会计制度的相关内容将跟随到那里,离开会计制度的"粘和",各项控制制度将成为一盘散沙,这是由会计信息在内部控制制度中的普遍性和基础性所决定的,作为会计信息生成规则的会计制度,在内部控制制度中的纽带功能便不足为怪。

(二)协调内控目标

内部控制目标是从事内部控制活动的目的和标准。它是进行信息沟通的源泉所在,是进行风险评估和监督以及构建内部控制框架的重要依据,更是特定控制环境的产物,最终是由环境所决定的。关于控制目标的确立,国内外尚有不同观点。根据 1992 年 COSO 发布的《内部控制——整体框架》报告,内部控制的目标包括经营效果和效率、财务报告的可靠性、合法性等。我国独立审计准则认为,内部控制一般应当实现以下目标:保证业务活动按照适当的授权进行;保证所有交易和事项以正确的金额,在恰当的会计期间及时记录于适当的账户,使会计表的编制符合会计准则的相关要求;保证对资产和记录的接触、处理均经过适当的授权;保证账面资产与实存资产定期核对相符。我国有的学者将内控目标确定为:保证国家法律法规、政策及企业经营方针、计划的贯彻落实与执行;保证所有的业务活动按照适当的授权进行,促使企业的生产经营活动协调、有序、高效运行;保证对资产和记录的接触、处理均经过适当的授权,维护企业财产物资的安全完整,防止毁损、浪费和被窃;保证所有交易和事项以正确的金额,在恰当的会计期间

---

① 王世定《企业内部控制制度设计》,北京:企业管理出版社,2001 年。

② 熊筱燕等《会计控制论》,北京:新华出版社,2002 年。

及时入账,保证会计信息的质量;防错纠弊,保证账实相符等。[①]概括来说,内部控制的目标包括经营效果目标、经营效率目标、财产安全目标、会计信息质量目标等方面。其中,经营效果主要体现为收入、成本(费用)、利润、资本增长目标,如净资产收益率、总资产报酬率、销售(营业)增长率、销售(营业)利润率、成本费用利润率、利润平均增长率、经营亏损挂账比率、资本保值增值率等;经营效率主要是资产、负债的运营效率等,如流动资产周转率、资产负债率、存货周转率、应收账款周转率、不良资产比率、资产损失比率、流动比率、速动比率等;财产安全是财产完好状态、账实相符等,如固定资产退废率、固定资产完好率等;会计信息质量主要是通过合法合理地会计确认、计量、记录和报告,保证会计信息的可靠性。可见,所有这些内部控制目标,无一不涉及会计信息,无一能离开会计制度的约束,除了会计信息质量直接受制于会计制度外,在其他目标的确定过程中,都将以会计制度的规则为主线,以会计制度为依据,协调采购、生产、销售、筹资、投资等目标,最终落实到经营效果、经营效率和财产安全等目标,这也是由上述会计制度的纽带作用所决定的。

(三)主导内控框架

无论将内部控制框架设定为内部会计控制与内部管理控制,或界定为控制环境、会计制度(系统)、控制程序,亦或归纳为控制环境、风险评估、控制活动、信息与沟通、监控(监督),会计信息始终伴随其左右,或者成为控制的主体(如内部会计控制),或者担当控制依据、控制桥梁、控制手段、控制基础等,实际上,规范会计信息内容、标准及其生成方法的会计制度,已变成主导内控框架演进的基础,这从内部控制制度由比较狭窄的内部牵制制度到内部控制整体框架的推进中得到证实。"企业是所有者、经营者、政府、债

---

① 王世定《企业内部控制制度设计》,北京:企业管理出版社,2001年,第26-28页。

权人以及消费者和公众之间的一个契约结合体,其中会计的确认、计量、披露、评价与监督等工作是极其重要的一个组成部分。会计作为一个控制信息系统,它在减少信息不对称,以使所有者、债权人掌握更多信息等方面起着至关重要的作用。"① 而契约的主体在于会计信息,依赖于会计制度,会计制度的内控主导功能也是顺理成章之事。

第三节 会计制度在公司治理中的功能

大量的规范与实证研究表明,在现代企业管理中,公司治理结构的有效性十分重要。实际上,企业作为一系列契约连接而成的集合体,既是一个权责分明的层级组织,也是一个网络性的制度体系。同样,在公司治理中也蕴涵着种种制度链接,这些制度链接制约着会计制度的形式、内容及其有关权益安排;而会计制度对于公司治理的完善及其有效运作,具有不可忽视的功能作用。

(一)公司治理中的制度链接

公司治理(Corporate Governance)的概念来自于 20 世纪 80 年代的西方,在我国有公司治理、公司治理结构、公司治理机制等不同的译名,在其基本涵义的认识和表述上,中外学者亦有不同的见解,可以分为制度安排论、组织结构论、决策机制论和相互作用论等观点。

制度安排论指的是:"公司赖以代表和服务于它的投资者利益的一种制度安排。它包括从公司董事会到执行人员激励计划一切东西……公司治理的需求随市场经济中现代股份公司所有权与控制权分离而产生。"②"公司治理结构是一套制度安排,用以支配若干在企业中有重大利害关系的团体——投资者(股东和贷款人)、经理人员、职工之间的关系,并从这种联盟中实现经济利益。公司

① 王世定《企业内部控制制度设计》,北京:企业管理出版社,2001 年,第 49 页。
② 费方域《企业的产权分析》,上海:上海三联书店,1998 年,第 165 页。

治理结构包括：① 如何配置和行使控制权；② 如何监督和评价董事会、经理人员和职工；③ 如何设计和实施激励机制。一般而言，良好的公司治理结构能够利用这些制度安排的互补性质，并选择一种结构来减低代理人的成本。"[①] 还有人认为，公司治理是内部治理与外部治理的统一，前者是基于正式制度的安排，包括股东大会（拥有最终控制权）、董事会（拥有实际控制权）、监事会（拥有监督权）和经理层（拥有经营权），"四权"相互制约，共同构成公司内部治理权；后者是基于非正式制度的安排，包括债务人、非股东融资者、雇员、供应商、消费者等，这些相关利益者拥有参与或影响公司治理的权利，构成了公司外部治理。[②]

组织结构论指的是："所谓公司治理结构，是指由所有者、董事会和高级执行人员即高级经理人员三者组成的一种组织结构。在这种结构中，上述三者之间形成一定的制衡关系。通过这一结构，所有者将自己的资产交由公司董事会托管；公司董事会是公司的最高决策机构，拥有对高级经理人员的聘用、奖惩以及解雇权；高级经理人员受雇于董事会，组成在董事会领导下的执行机构，在董事会的授权范围内经营企业。"[③]

决策机制论指的是："治理结构被看作是一个决策机制，而这些决策在初始合约中没有明确规定。更准确地说，治理结构分配公司非人力资本的剩余控制权，即资产使用权如果在初始合约中没有详尽设定的话，治理结构决定其如何使用。"[④]

相互作用论。科克伦（Philip L. Cochran）和沃特克（Steven L. Wartick）认为，公司治理问题包括在高级管理阶层、股东、董事会和公司其他的相关利益人的相互作用中产生的具体问题。构成公

① 钱颖一《中国的公司治理结构改革和融资改革》，载《转轨经济中的公司治理结构》，北京：中国经济出版社，1995年，第133页。
② 李维安等《公司治理》，天津：南开大学出版社，2001年，第36页。
③ 吴敬琏《现代公司与企业改革》，天津：天津人民出版社，1994年，第185页。
④ ［英］奥利弗·哈特《公司治理：理论与启示》，《经济学动态》，1996年，第6期。

司治理问题核心的是:(1)谁从公司决策/高级管理阶层的行动中受益;(2)谁应该从公司决策/高级管理阶层的行动中受益? 当在'是什么'和'应该是什么'之间存在不一致时,一个公司的治理问题就会出现。并将公司治理分为如下四个要素:管理阶层有优先控制权、董事过分屈从于管理阶层、工人在企业管理上没有发言权和政府注册规定过于宽容。①

不难看出,上述关于公司治理的不同认识,体现了从不同角度对公司治理的理解。我们认为,公司治理是建立在委托代理论、受托责任论、产权分割论等理论基础上的一套制度体系,包含了各相关者之间的经济关系、契约关系、权利制衡关系等,而这些关系又集中体现于制度安排中,通过一系列制度链接形成一个整体网络架构,发挥其既相互制约又相互促进的独特作用,如图 4-2。

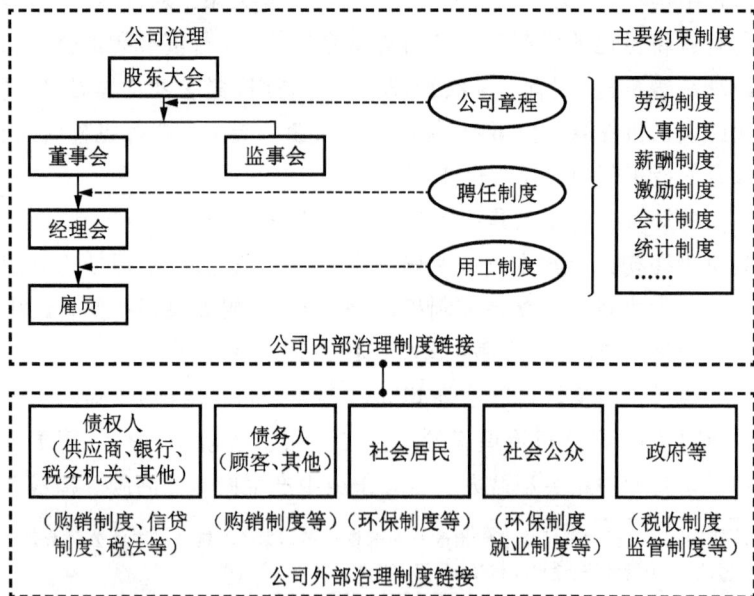

图 4-2　公司治理制度架构图

① 费方域《企业的产权分析》,上海:上海三联书店,1998 年,第 167 页。

综上,会计制度中的有关制度安排,尤其是权益安排及其功能的实现,对公司治理结构的构建和作用的发挥,具有功不可没的重要作用。

(二)会计制度中的制度安排

从主体内容上分析,会计制度分为概念规范(会计核算基本前提、会计核算的一般原则、会计要素等)、会计科目及其使用说明、财务会计报告三部分,包含会计确认、计量、记录和报告四个方面的规范。在这些规范中,概念规范具有权益安排的纲领性和指导性,会计科目和财务会计报告虽然只是技术层面的规范,但实际上是各方面相关者利益安排的具体体现。因此,我们有充分的理由认为,会计制度与公司治理具有同样的空间范围,公司治理的触角延伸到哪里,会计制度的影子就会跟随到哪里;反之,会计制度的规范涉及到哪里,公司治理的内容就必然展现在哪里。

(三)会计制度的功能评价

从上述分析中,我们不难看出,同样属于制度安排的公司治理和会计制度之间有着十分密切的联系。公司治理是构建和改革会计制度的重要环境之一,具有引导会计信息种类、内容及其提供方向、提供方式和提供时间等方面的作用;会计制度一方面要满足公司治理的要求,服务于公司治理,另一方面在公司治理的运行过程中又具有不可忽视的重要功能。

1. 规范经济行为

在我国,会计制度是国家和企业单位制定的有关会计工作的具体行为规范。企业作为营利性的经济组织,合理有效地组织资金运动,实现价值增值,尽可能满足相关者利益需求,达成企业微观效益和宏观效益的统一,是企业的重要功能和义务。哪里有经济活动,哪里就会有会计活动,就会有会计制度的规范作用,这是由资金运动这一会计对象所决定的。无论从经济关系、契约关系、制衡关系角度考察，还是站在委托代理论、受托责任论、产权分割论等理论基础上分析，或者以制度安排、组织结构、决策机制、相互作用等观点推论，公司治理的运行及其功能的实现，都必须以一系列经济行为为前提，并通过经济行为得到证实和提升。会计制度虽然直接规范的是会计工作，但企业经济行为如果与会计制度有抵触，自然会受到来自会计人员的回绝，从而会计制度对经济行为具有间接规范作用，有时还可能是直接的规范。例如，会计要素尤其是利润表会计要素的确认、计量规定，对于日常经营活动、投资活动等都会产生影响，不符合会计制度规定的经济行为将被禁止，诸如超标准经济消费、非法利润分配等。

2. 约束相关权力

从公司治理各方面参与者的权力分析，公司治理也是一系列权力结合而成的权力网络体系，由股东会、董事会、监事会到经理层、雇员，直至诸多外部相关者之间，都存在一种直接或间接的权力约束关系，是各方面权力分配关系，其中除了强制性的行政权力外，最重要的当然是经济权力，包括股东对所投入资本的收益权、董事会的决策权、监事会的监督权、经理对所经管资产的经营权、公司管理者和雇员的报酬权，以及债权人的求偿权、税务机关的征税权等。会计制度通过会计核算的基本前提和会计原则，约束和规范了会计人员的行为，会计科目中的资产类科目约束和规范了经营者的相关财产支配权，负债类科目约束和规范了债权人的求偿权，所有者权益类科目约束和规范了所有者的分配权，成本类科目约束和规范了经营者的成本支出权，损益类科目则约束和规范了经营者的收益确认和分配权。

3. 协调经济关系

如果说资金运动是一台机器的话，那么经济关系就是这台机器运行中所需要的燃油、润滑油。以往我们认为，经济关系是资金运动的派生物，通常称"资金运动及其体现的经济关系"，实际上二者互为条件并只有在互为条件时,资金运动才能有效地进行下去。资金运动固然需要经济关系,而经济关系只有在资金运动中才能更充分地、更有效地发挥其作用,在企业中没有离开经济关系的资金运动,也没有脱离资金运动的经济关系,正像机器同燃油、润滑油的关系一样。从某种意义上说,公司治理正像一台机器,会计制度像一条无形的纽带协调着各零部件之间的关系,通过对资金运动、经济关系的反映和监督,协调企业与国家、企业与其他企业或个人、企业内部各相关者之间的经济关系和经济利益。

4. 均衡各方利益

均衡不等于平均。由于公司治理各个参与者对公司的贡献和关系不同,所得到的有关报酬或利益也不同。从现行分配理论中可知,不同生产要素拥有者、与企业相关者取得利益的依据及来源有所不同。国家依据其强权取得税收收入,股东依据投入资本获得利润分配,经营者依据经营业绩取得经营才能的报酬,雇员依据劳动数量与劳动质量取得工资收入,债权人依据所拥有的债权得到受偿,顾客则通过对企业产品及其服务中受益等。所有这些利益的体现及其实施,均逃不脱会计制度的监控和约束,另一方面,公司各方的利益安排必须考虑会计制度的要求和企业的财务状况。

5. 监控治理结构

众所周知,现行公司治理中的突出问题之一,是董事会的形式化、空壳化趋势,主要表现在董事会会议的形式化、公司重大问题决策的经理化、高层管理人员任免的经理化等,其主要原因是经理把持董事会,董事的酬金受制于经理,获得诸多方面的优惠,包括固定薪水、设立退休金计划、享受人寿保险和在职消费,甚至获得股票期权等。[1] 公司治理中的这些异常现象,除在相关制度的监督

① 吴冬梅《公司治理结构运行与模式》,北京:经济管理出版社,2001年,第76—80页。

中得以暴露外,更直接、更有说明力的证据在于会计制度及日常会计信息中。不仅如此,公司内部各个相关者之间的权责安排、利益趋向等是否公平合理,是否正常,在会计制度的监控下都会直接或间接地反映出来,从中及时发现问题、及时预警,维护公司治理的健康、有效运行。

第四节　会计制度在资源配置中的功能

应该指出,企业虽然属于微观范畴,但它是各种资源配置的直接参与者、最终承担者及其配置效率和配置效益的初始鉴定者,所有微观资源配置的总和便构成了宏观资源配置,也是宏观资源配置的基础,因此这里通过会计制度在企业资源配置中的功能,投射出其宏观价值。

资源通常指自然界天然存在的物资财富,在现代管理科学中包括物资、设备、资金和人力资源,也有人将时间列入资源范畴。[①]还有人将资源分为经济资源、人力资源和技术资源等方面。[②] 笔者认为,资源可以理解为资财的源泉,可分为社会资源、物资资源、人力资源和生态资源四个方面,其中社会资源包括社会制度、经济制度、社会稳定性、国家政策导向等,物资资源由各项财产物资构成,人力资源是具有特定能力(技术)的劳动者,生态资源指各种自然资源。会计作为一种价值管理活动,就目前的能力看,主要是物资资源的价值管理,虽然许多学者在努力探讨人力资源会计、环境会计,甚至资源会计,但远没有达到可以普及乃至制定相关会计制度的程度。因此,无论是财务还是会计,主要是微观物资资源的价值管理,会计制度在资源配置中的功能也主要是针对物资资源而言,

---

① 上海社会科学院部门经济所《经济大辞典——工业经济卷》,上海:上海辞书出版社,1983年,第551页。

② 伍中信《现代财务经济导论——产权、信息与社会资本分析》,上海:立信会计出版社,1999年,65页。

包括反映资源分布状况、反映资源配置过程、衡量资源利用效益等功能。

（一）反映资源配置状况

就资源的配置来看，一方面是资源存在形态的分布，表现为资产的分类、确认及其价值的计量，另一方面是资源来源的配置，表现为负债及所有者权益的分类、确认及其价值计量。因此这一功能主要是对资产、负债、所有者权益三个会计要素配置状况的反映，通过分类、确认、计量、报告环节实现的，其中后三个方面在第二章中已有详述，以下着重探讨一下分类问题。分类是针对事物的性质，根据事物的异同将事物集合成类的过程，这恰恰是反映资源配置、分析资源利用的首要问题，也是其他会计环节的基础，在不同时期有着不同的资源配置内容、配置排列和背景，反映不同时期的环境要求。如表 4-1。

表 4-1

环境	资产	负债	所有者权益	特征
计划经济	固定资产、流动资产、专项资产	基建借款、流动资金借款、应付款项、专用借款	固定基金、流动基金、专用基金	资源分布的计划性、统一性，资源排列的重要性
市场经济	流动资产、长期投资、固定资产、无形资产及其他资产	流动负债、长期负债	实收资本、资本公积、盈余公积、未分配利润	资源分布的市场性、多样性，资源排列的流动性

（二）反映资源配置过程

资源的配置状况源于各项资产的实物或价值的流动，资源的配置来源表现为负债和所有者权益的变动，所有这些运动又是通过各项交易、事项完成的，每一交易、事项又必须有特定的记录其内容、时间、地点、责任人等原始凭证，按照有关规则、经过职业判断、根据原始凭证编制记账凭证，将一般的经济数据转换为会计语言,再据以登记入账、编制会计报告,反映出具体的资源配置状况。这就是会计制度中有关记录的重要功能之一。在现代社会中,正是因为有了会计制度的规范,才将观念上的资源配置转化为现实的资源配置,并忠实地反映其配置过程,为检查、考评资源配置效率和评价资源配置效果提供重要依据,为监督资源配置的合法性提供重要线索和证据。

(三)衡量资源利用效益

简言之,效益是指所费与所得的对比关系,资源的利用效益是指资源的占用、耗费与其所得之间的对比关系,资源占用、耗费的减少,收入的增加,都将提高资源的利用效益,因此资源的利用效益有多种表现,可以采用多种考核指标,例如净资产收益率、总资产报酬率、成本费用利润率、流动资产周转率、存货周转率、应收账款周转率等,这些指标中的相关项目都是通过会计制度的规范和实施获得的。为衡量和评价资源利用效益提供规范基础与依据,是会计制度的又一项重要功能。

第五节　会计制度在宏观经济运行中的功能

"经济的发展,推动了会计的发展;而会计的发展,又反过来促进经济的发展。世界各国的情况,莫不如此。没有一个经济发达的国家,而会计不发达的;也没有一个会计不发达的国家,而经济能发达的。中国的情况,也不例外。"[①] 杨时展教授的这一论断,道出了会计与宏观经济的密切关系,尤其在市场经济环境下,会计更是具有举足轻重的作用,会计掌握着企业的获利能力和偿债能力。"掌握着利润、贷款、债券、股份等各条通向资源的道路。会计是市场经济的灵魂! 说会计是市场经济的灵魂得有个条件,这就是:

---

① 杨时展《1949—1992 年中国会制度的演进》,北京:中国财政经济出版社,1998 年。引言。

会计信息必定真实可靠。"[①] 会计制度责无旁贷地担负起了规范会计信息的重任,为宏观经济的运行保驾护航,肩负着不同的功能作用,这些功能作用又是依照"会计制度→会计信息→使用者决策→微观经济运行→宏观经济运行"的逻辑顺序展开的(当然后者对前者也具有同样的反作用),这也是由会计制度的外部性、会计制度所具有的经济后果所决定的,下面主要就奠定经济运行基础、反映经济运行需求、评价经济运行效率、规范经济运行秩序、促进经济繁荣稳定等方面进行探讨。

(一)奠定经济运行基础

按照制度经济学理论,企业是一系列契约的集合,核心是经济利益关系,本质是产权关系,构筑这些关系的基础在于各种相关信息,其中最重要的是会计信息。契约是两个自愿交换产权的主体所达成的一项协议,按照协议的履行方式不同,可分为共时性契约(simultaneous contract)和非共时性契约(non-simultaneous contract)。前者也称一次性契约(once-off contract),是指交易双方一次性、同时履行协议的契约,即一方支付仪定价格的同时,另一方按照协议移交产权;后者是为了以后特定时点履行协议而制定的契约,如分期付款协议、租赁协议、贷款协议等。[②] 无论是哪种契约,都是建立在掌握尽可能多的信息基础之上的,其中对方财务状况、获利能力的信息、各项会计要素确认、计量和报告规则的信息等是重要组成部分,完整构建这些会计信息规则的会计制度,自然构筑了契约形成及其履行的重要基础之一;另一方面,企业作为国民经济的细胞,企业的经济运行有赖于会计制度的规范和约束,微观企业经济运行之和展现了宏观经济运行状态,从这一角度说,会计制度也是宏观经济运行的重要基础之一。

---

① 杨时展《会计为我国社会主义市场经济服务的问题》,《财会通讯》,1993 年。
② 柯武刚、史漫飞《制度经济学》,韩朝华译,北京:商务印书馆,2002 年,第 231-233 页。

（二）反映经济运行需求

不同的经济体制、同一经济体制下不同经济环境和经济发展水平，决定了经济运行状态和对保证经济运行持续稳定增长的需求，要求会计制度必须适时地反映和适应这些需求，事实证明，会计制度也较好地实现了这一功能。在计划经济时期，我们实行的是一种封闭式经济，闭关锁国、自力更生，强调的是在国民经济有计划按比例发展基础上，一切经济行为都必须符合国家指令性计划要求，企业的各项资源都由国家按照计划分配配置，企业的人财物、供产销都由国家解决，无论是本金还是负债都由国家负担，企业基本不存在筹资（有的只是伸手向国家争资金、争项目，以便增加产值）、投资、销售之忧，更没有破产之虑，只要完成或超额完成国家计划便万事大吉，企业实质是国家的生产车间，保护财产的安全完整、完成各项计划就是企业的全部使命，国民经济运行自然也是严格按照计划进行的。在这一前提下，为了满足宏观经济运行的计划要求，会计制度中将资产分为固定资产、流动资产、专项资产，将权益分为固定基金、流动基金、专项资金，并要求这三个方面各自对应平衡，形成"三段式"格局，如果未做到对应平衡、发生资金"串项"使用，必须在会计报表说明中说明原因；在会计科目的设置上自然没有投资类科目，在限制商业信用条件下也没有票据类科目，由于故步自封，没有对外开放、与国际会计规范协调的要求，企业不是独立的经济实体、不是独立的商品生产者、没有独立的经济利益，宏观经济运行也不需要市场，会计变成了地地道道的"账房先生"。改革开放，尤其是建立社会主义市场经济体制以来，出于引进外资、适应全球经济一体化的需要，要求我国会计制度进行适时、适当的改革，体现会计信息的国际通用商业语言的特征，在1993年的会计制度改革中，打破了资金管理的"三段式"，建立了资本金制度，采用了制造成本法、国际通用的会计报表体系和会计等式,吸纳了稳健性原则,在确立企业的市场主体地位基础上,增加了投资类会计科目,明确了所有者权益和负债的界限,尤其是面对我国加入 WTO 的趋势、会计信息虚假对宏观经济运行造成的损害等现实,2000 年 12 月,财政部颁布了新的企业会计制度,规定企业应提取八项资产减值准备、债务重组收益和无法偿付的债务不得计入损益、非货币性交易中尽量避免使用公允价值、以账面价值反映财务状况等,充分反映了宏观经济运行中消除"泡沫经济"、保证国民经济持续稳定发展的要求,这是我们深入思考会计制度与宏观经济运行的互动关系的最好例证,尤其值得进一步思考市场经济环境下会计制度的宏观功能。

（三）评价经济运行效率

经济运行效率也称经济增长率,一般以实际国内生产总值（GDP）或人均国内生产总值的增加或增长率指标衡量。影响经济增长的因素主要有两类:生产要素的投入量和技术进步。生产要素包括土地(含各种自然资源)、劳动和资本,其中资本的投入量可以分为存货(包括原材料、在制品、产成品、零部件等)、非住宅性建筑和设备投入量等,[①] 实际指的是资产的投入量,是债权人资本和所有者资本的投入量,在会计制度中不仅要完整反映这些内容,还要反映企业对外债权投资和股权投资。一国一定时期资本的投入量及其投入结构,是分析其经济运行效率、评价其经济增长贡献的重要依据,而这些信息的取得和确认、计量来源于微观企业,依赖于会计制度的规范。没有会计制度,宏观经济运行效率的评价、预期也将变得难以实现,或是变成沙滩上的楼阁,失去稳固、可靠的基础。

（四）规范经济运行秩序

秩序的本意是整齐、有条理,是事物整齐地组合在一起的状

---

① 汪祥春、夏德仁《西方经济学》,大连:东北财经大学出版社,1996 年,第 724-725 页。

况。依此推论,经济运行秩序就是经济运行中各个产业、部门协调的有条理的组合状况。虽然规范经济运行的主要手段在于法律法规和行政干预,但会计制度的基础规范作用也是不容忽视的,"天下未乱计先乱,天下欲治计乃治",计欲治,必始于会计制度,这已为我国几十年的经济发展脉络与会计制度的演进轨迹所证实:在 1958—1959 年的"大跃进"时期,视"制度"为"管、卡、压",会计制度多是只破不立或破多立少,出现了"无账会计""无人供应站""无人出纳处""无人发放工资"等"创新"办法,致使会计制度遭到严重的破坏,造成账目混乱、家底不清、管理失控,进而破坏了经济运行秩序,直到 1961 年 6 月为了配合国家"调整、巩固、充实、提高"八字方针的贯彻实施,恢复国民经济秩序,财政部明文纠正"无账会计",陆续出台了一系列会计制度,才使得会计工作秩序基本走上正轨,并明确了新制度的强制性,以保持会计信息的可比性;1966 年开始的"文化大革命",在"只算政治账、不算经济账"的口号下,会计制度受到前所未有的严重冲击,"生产经营上许多反映经济效益和经营管理状况的必要的账表、科目、资料、数字都被当作繁琐而砍掉了,裁撤财会机构,下放财会人员,撤销财政院校等,财会工作元气大伤。"[1] 会计制度陷入瘫痪状态,国民经济也走到了崩溃的边缘,随着"文化大革命"的结束、各项工作转到以经济建设为中心的轨道上来,财政部于 1979 年初恢复会计制度司,于 1980 年 9 月 18 日颁布了 1981 年 1 月 1 日实施的国营工业企业会计制度,国民经济也逐步得到恢复和发展;随着"对内搞活、对外开放"政策的落实和深化,尤其是提出建立社会主义市场经济体制的目标以后,为了适应和推动经济发展,1993 年 7 月 1 日起进行了新一轮以"与国际会计规范协调"为中心的会计制度改革,基本告别了计划经济会计模式,向会计核算的国际化迈出了实

---

[1] 钟礼华《回顾和展望财经工作》,《会计研究》1984 年,第 12 页。

质性的一步,随着我国社会主义市场经济进程的加快,尤其是国际经济一体化和我国当时即将加入 WTO 的新形势,也由于那些年来虚假会计信息危害的社会化,在第九届全国人大常委会第十二次会议讨论通过了新修订的《会计法》和国务院发布的《企业财务会计报告条例》基础上,财政部于 2000 年 12 月 2 日颁布了真正统一的打破行业、企业性质界限的《企业会计制度》,于 2001 年 12 月 17 日发布了《金融企业会计制度》,进一步制定了旨在提高会计信息质量的新规范,进一步提升了我国会计标准的国际化水平,拉近了与国际会计规范的距离,同时也体现了中国会计的特殊性,实现了我国会计制度史上的一次飞跃式革命,实践证明,这些会计制度的出台与实施,对规范企业会计行为、规范经济运行秩序,起到了非常积极的促进作用。

(五)促进经济繁荣稳定

会计制度作为一种共同信息,也是规范有关会计行为、经济行为的规则,依据会计制度所生成的会计信息,要求满足客观性、可比性、相关性、及时性等要求,这既是信息使用者进行有关决策所必需的,是微观经济运行的基础,也是保证宏观经济运行的稳定性的基础。1997 年亚洲金融危机的重要根源之一,就在于会计信息的"泡沫"或虚假,我国某些上市公司利用会计制度的缺陷大肆造假、欺骗股民及社会公众的行为,严重扰乱了市场经济秩序,伤害了国民经济的健康发展,甚至埋下了殃及社会稳定的隐患,2001年的会计制度改革对治理这一问题的成效已初步显现出来并将进一步放大其效应,从而大大遏制了这一现象的蔓延,为保护和促进宏观经济的发展作出了积极的、不可替代的贡献。

第六节　会计制度在产权安排中的功能

1937 年科斯《企业的性质》一文的发表,奠定了"交易费用"

学说的基础,他在1960年发表的《社会成本问题》一文所提出的"科斯定理",即不存在交易费用情况下,产权与经济效率无关;在存在交易费用情况下,产权制度将影响经济效率。由此在西方逐渐形成了产权经济学派,对产权概念的认识也莫衷一是。20世纪80年代中期,我国理论界开始关注"产权"问题,90年代以后对这一问题的讨论日益激烈,形成了若干观点。例如:所有制关系论;财产权利关系论,包括所有权和经营权;分层论,即广义上包括所有权和债权,狭义上仅指债权,或广义上指社会财产的归属及其与所有权相应的利益关系,狭义上专指企业财产运动中的所有、占有、支配、使用、收益、处置等项权利的分离、组合及其规则,或一是指所有权,二是指占有权和经营权;组合论,认为完整的产权是一组权利,包括对财产的使用权、转让权、收益权,或包括产权主体对财产享有的所有、占有、使用、处置、收益等权利。笔者倾向于组合论观点,但不是上述并列组合,而是以财产权为核心的双重组合。从法学角度看,财产权作为产权主体所拥有的权利,包括物权和债权两类,物权又分为所有权(自物权)和他物权。所有权是"财产所有人对自己的财产依法享有的占有、使用、收益和处分的权利。所有权是由所有制决定的,是所有制在法律上的表现"。其中占有、使用、收益和处分的权利分别是所有权的权能之一,不是各自独立的权利,也不是与所有权并列的概念。所有权的取得分为原始取得和继受取得,具有绝对性、排他性、永续性等法律特征。他物权是在他人所有物上所设定的权利,分为用益物权和担保物权。债权是"债权人有要求债务人为一定行为或不为一定行为的权利"。分为合同之债、侵权之债、无因管理和不当得利。物权是财产权利的静态规则,债权是财产权利的动态规则,"'所有权'是一切财产权利的基础和核心,是'产权'全部范畴逻辑展开的最初始的出发点。'所有权'的'权能'分割和转让,形成'他物权'。'所有权'的权属的转移,则形成'债权'。"为了清晰起见,如图4-3。

原始取得(先占、孳息等)				继受取得(买卖、赠与、继承等)		
所有物(自物权)						
所有权权能				所有权法律特征		
占有权	使用权	收益权	处分权	绝对性	排他性	永续性

他物权	债权
用益物权 农业社会:地上权、永佃权、地役权等	合同之债:买卖、借贷等
传统企业:经营权、承包权、租赁权等	侵权之债:因侵权的损害赔偿
现代企业:法人财产权	
担保物权 抵押权:不动产	无因管理之债
质权:动产	不当得利之债
留置权:货物	

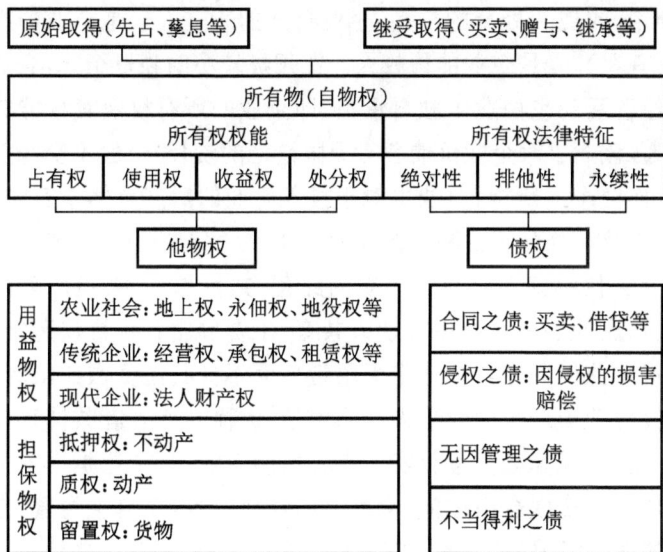

图 4-3　财产权构成示意图

不难看出,产权作为以财产权为核心的权利组合,虽然其界定和变更主要源于相关法律,但产权的流动却主要基于经济原因,会计也就与之结下了不解之缘。20 世纪 90 年代后期,我国迎来了产权会计的研究热潮,取得了许多可喜的研究成果,如史立新的《企业产权变动的会计操作实务》。人们对产权会计的热衷一方面基于产权经济学的影响,另一方面也是我国经济环境的变化,尤其是会计制度在这方面所具有的独特功能的结果,即会计制度在所有权的形成、所有权的权能分割所形成的他物权、所有权的权属转移所形成的债权等方面,具有多重反映和监督功能,具体可以分解为静态上的界定产权性质、计量产权价值、披露产权信息功能和动态上的反映产权变动功能。

(一)界定产权性质

我们知道,所有权是财产所有人对自己的财产依法享有的占有、使用、收益和处分的权利,企业财产的所有人一是企业的投资人(所有者),二是企业的债权人。在规模较小的独资企业,企业的所有经营活动也由业主独自承担,即企业的所有权及其权能归业主一人,该业主对企业负债负有无限清偿的责任,一般不交企业所得税,而交个人所得税,业主对于投入企业的财产自然享有占有、使用、收益和处分等权利。在合伙企业中,由于是由二人或二人以上订立合伙协议,共同出资、共同经营、共负盈亏、共担风险的企业,所以企业的所有权由合伙人共有,出资额由合伙协议确定,合伙人对企业债务通常负连带无限责任而不受其出资额的限制,其生产经营活动一般由合伙人共同承担,因而其所有者共同享有占有、使用、收益和处分等权利。在公司制企业中,企业是由各个投资人依法出资联合组成的,有独立的注册资本,是自主经营、自负盈亏的法人组织,具有民事权利能力和民事行为能力,并依法独立享有民事权利、承担民事义务,独立承担民事责任,交纳企业所得税,股东也须交纳个人所得税。在较大的独资企业和公司制企业中,所有者难以独立承担企业所有的生产经营管理,便聘用一些管理者代行其职,履行所有者对有关财产的占有、使用权利,形成现代企业中的"经营权"或"法人财产权",而所有者不直接参与企业的经营管理,但享有财产的收益权和处分权,形成所谓"两权分离",实际是所有权分割。作为企业经营者享有的财产"用益物权"(经营权或法人财产权)及其"担保物权",属于"他物权",都是所有权的组成部分,而债权人对投入企业的财产同样具有所有权,由此出现了企业所有者的所有权和企业债权人原始取得(先占、孳息等)继受取得(买卖、赠与、继承等)他物权的所有权,站在企业内部角度,所有者的投资及其增值、接受捐赠等形成了所有者权益,债权人的投资形成了债权人权益(负债),由此构建了会计制度中的"资金占用=资金来源"或"资产=负债+所有者权益"的等式,并通过"实收资本""资本公积""盈余公积""本年利润""利润分配"等科目反映所有者权益的结构,通过备查簿反映担保物权的行使情况,通过"短期借款""长期借款""应付票据""应付账款""其他应付款"等科目反映负债的结构以及合同之债、侵权之债、无因管理和不当得利等形成的债务,并根据有关交易、事项进行各项复杂经济活动中有关产权性质的界定,具体划定产权的归属,这也是会计制度的又一个独到之处。

(二)计量产权价值

产权的价值计量包括所有者权益的计量和负债的计量两个方面,主要采用实际成本原则进行计量,但随着经济活动的日益复杂和市场环境的多变性的增强,负债的计量方式和内容上也在发生着一些变化,出现了"预计价值"计量方式,如在 2001 年实施的会计制度中,增加了或有负债的确认和计量内容。"或有负债指过去的交易或事项形成的潜在义务,其存在须通过未来不确定事项的发生或不发生予以证实;或过去的交易或事项形成的现实义务,履行该义务不是很可能导致经济利益流出企业或该义务的金额不能可靠的计量。"但或有负债是否登记入账,取决于是否同时满足以下三个条件:一是该项义务是企业承担的现实义务,二是该义务的履行很可能导致经济利益流出企业,三是该义务的金额能够可靠的计量。在这一金额的计量上,如果有一定的预计金额范围,可以按照该金额上下限的均值确定;如果没有需要支付金额的上下限,则按照可能发生金额的最高值确定,或按照各种可能发生额与其发生概率的乘积计算。① 为此,设置了"预计负债"科目,用以反映对外提供担保、商业承兑汇票贴现、未决诉讼、产品质量担保等很可能产生的负债。

---

① 财政部会计司《企业会计制度讲解》,北京:中国财政经济出版社,2001 年,第 531-537 页。

（三）披露产权信息

尽管不同产权制度下对会计信息的约束强度不同,如单一产权(业主制企业)和简单产权(合伙制企业)下的约束强、在复杂产权(股份有限公司)下的约束较强、在特殊产权(国有独资企业)下的约束一般,约束的内容也有所不同,但披露会计信息、反映产权状况及其变动情况的要求却是共同的,即都要披露有关产权信息。从披露的内容上,产权信息可以分为产权状态信息、产权增值信息、产权流动信息和产权综合信息;从披露的方式上,产权信息可以分为产权基本信息、产权辅助信息和产权说明信息。会计信息的实质是产权信息,作为规范会计信息质量的会计制度,也是对产权信息的规范,财务会计报告也是产权报告,也是产权信息的披露。为此我们可以总结如表4-2。

表4-2

产权披露方式	财务会计报告		产权披露内容
产权基本信息	会计报表	资产负债表	产权状态信息
		资产减值准备明细表	
		应较增值税明细表	
		利润表	产权增值信息
		分布报表	
		股东权益增减变动表	产权流动信息
		现金流量表	
		利润分配表	
产权辅助信息	会计报表附注		产权综合信息
产权说明信息	财务情况说明书		

应该说明的是,会计制度的功能是多方面、多角度、多层面的,上述讨论也只是其中的一部分,很难说全面,还有诸如会计制度在经济结构调整中的功能、在可持续发展中的功能、在社会伦理道德

中的功能等课题值得我们研究。会计制度的功能决定了会计制度的作用和任务，只有全面认识和理解会计制度的功能，才能更好地把握会计制度的建设，而任何会计制度的建设都必须有明确的建设目标，以求事半功倍之效，这是我们面临的、需要探讨的又一个全新的课题。

（四）反映产权变动

既然产权是以财产权为核心的一组权利，包括财产的占有、使用、收益和处分等权利，那么任何这些权利的变化，都是产权的变动，如企业资产评估、企业公司制改造、企业兼并与收购、企业清算等，都将引起所有者权益、负债的一方或双方发生变动，由此出现了资产评估会计、公司制改造会计、企业合并会计、企业清算会计等会计学分支。[①] 伍中信博士从经济学与会计学的结合上研究了会计、财务与产权的内在联系，包括：会计基本理论的产权问题、会计目标逻辑起点的产权动因、会计假设与会计原则的产权思想、会计要素与会计等式的产权解释、会计核算方法的产权思考、会计监督中的产权、产权制度改革中的财务与会计等问题。[②] 田昆如博士从更加系统、全面的角度，以产权变动为核心建立了产权会计概念："企业产权会计主要是从产权经济学的角度对现行会计理论和会计行为进行解释，在产权理论的指导下研究会计问题，解决与产权相关的会计理论与会计行为，并利用会计上特有的方法对产权界定、变更、维护过程中（经济活动过程中）所产生的资金运动及其相关内容（或称为产权及其运动）进行核算和管理的系统。"并将产权会计的目标确定为：为企业及有关利害关系者提供有关产权变动和产权交易活动的会计信息，"企业产权会计就是要通过对各产权主体的'产权及其运动'进行记录、计算和报告，提供有关产

① 史立新《企业产权变动的会计操作实务》，北京：中国税务出版社，1997 年。
② 伍中信《产权与会计》，上海：立信会计出版社，1998 年。

权及其变动和交易的会计信息,为有关各方进行预测、决策等活动提供服务"。"任何资金运动的背后都是一种'权利'的变更,都是产权的运动(或称变动)。"① 在此基础上着重研究了多元产权制度下的会计信息揭示、产权制度安排与会计监督、企业产权重组会计、资产重组、所有权结构重组、国有企业产权重组会计等问题。毫无疑问,人们对会计中的产权思想的研究在步步深入,其主体仍是产权变动及其信息披露问题,古今中外的会计无不在揭示产权变动中的理论与实务问题。实际上,从会计要素的确认、计量、记录和报告的一般规范,到具体会计科目的设置,原始凭证、记账凭证、账簿的设置等,都隐含着一定的产权关系,任何交易或事项、任何一笔会计分录也都与一定的产权或产权变动相联系,而这些内容恰恰是会计制度的规范主体,反映产权变动正是会计制度重要的内在功能之一。

---

① 田昆儒《企业产权会计论》,北京:经济科学出版社,2000 年,第 50-51 页。

第五章　我国会计制度的环境约束

社会存在决定社会意识。这里的社会存在就是环境,"时势造英雄"就是对环境的巨大力量的真实写照。会计制度既是人们意识的产物,也是特定环境的产物,并随着环境的变化而不断调整和完善。各国的会计差异以及同一国家不同时期会计规范的差异,均源于会计环境的不同,"会计的发展,首先是受客观环境的影响,其次则取决于它本身的属性"。[①] 而人们关于会计环境的认识也不尽一致。从目前所得到的资料看,我国会计学者对会计环境因素的认识,主要有以下四种不同观点。

(1)四因素论:政治、经济体制、文化传统、国际经济交往。[②]

(2)五因素论:政治、法律、经济、教育、文化。[③]

(3)六因素论:一是经济、法律、政治、社会、教育、历史传统;[④] 二是政治、经济、法律、制度、教育、文化六个因素;[⑤] 三是法律、政治、经济、税收、文化、教育。[⑥]

(4)十因素论:社会制度、政治制度、经济制度、经济发展水平、科学技术发展水平、社会文化发展水平、企业整体管理水平、企业领导对会计管理的重视程度、企业会计人员的素质、企业会计管理制度的完备程度。[⑦]

综观各种观点,人们对政治、经济、文化因素的影响具有共同

[①] 王德升、白肇鲁、阎金锷《国际会计》,北京:中国审计出版社,1994年,前言。

[②] 朱元午《论会计的国家化趋向和国际会计的道路》,《会计研究》1991年。

[③] 曲晓辉《中国特色的会计解读》,《会计研究》,2000年。

[④] 孟凡利《试论会计的国家差异与国际化》,《会计研究》,1994年。

[⑤] 刘玉廷《关于会计中国特色问题的思考》,《会计研究》,2000年。

[⑥] 郝振平《会计的国际透视》,大连:东北财经大学出版社,1997年,第17-26页。

[⑦] 钱嘉福《企业环境因素对会计的影响》,《会计研究》,1996年。

的认识,大部分人对教育、法律的影响表示赞同,而对国际经济交往、税收、科技、社会、历史传统、企业内部环境等因素则有不同的意见。影响各国会计差异的环境因素,是否同样适用于会计制度,笔者进行了调查。资料显示,100%的人均同意经济环境的影响,其次是法律、政治、社会、文化、教育、科技,如表5-1所示。

表 5-1

	政府官员(有效问卷:16人)		企业管理者(有效问卷:38人)		教师(有效问卷:21人)		学生(有效问卷:20人)		合计(有效问卷:95人)	
	同意人数	%	同意人数	%	同意人数	%	同意人数	%	同意人数	%
社会	14	87.50	32	84.21	19	90.48	18	90.00	83	87.37
政治	14	87.50	31	81.58	20	95.24	20	100.00	85	89.47
经济	16	100.00	38	100.00	21	100.00	20	100.00	95	100.00
科技	10	62.50	19	50.00	17	80.95	10	50.00	56	58.95
文化	14	87.50	24	63.16	19	90.48	18	90.00	75	78.95
法律	16	100.00	34	89.47	21	100.00	20	100.00	91	95.79
教育	10	62.50	19	50.00	15	71.43	15	75.00	59	62.11

笔者认为,国际经济交往的不断加强,一方面促进了跨国公司的发展、促进了各国之间的经济联系进而推进了世界经济一体化的进程,另一方面也促使各国加强国际会计方面的研究,尽可能实现会计的国际协调,以减小会计的国际差异,但这恰恰是缩小会计差异的因素,而不是相反。其次,税收对会计的影响主要是通过税法实现的,而税法又是法律体系的组成部分,所以税收因素仍可归属于法律因素。第三,企业整体管理水平、企业领导对会计管理的重视程度,既是社会经济发展水平的体现,也是国民教育水平的外在表现,会计人员的素质更是如此,只有具备高素质的管理人员、

会计人员,才可能有高水平的完备的会计管理制度,企业内部环境因素实际上是经济与教育两个因素的延伸。因此。影响会计制度的环境主要有社会、经济、科技、文化、法律、教育六个方面。

第一节　社会状况

"社会"一般是指由一定的经济基础和上层建筑构成的整体,也称社会形态,或泛指由于共同物质条件和精神文明而相互联系起来的人群。[①]而这里的"社会环境"是指以政府为主体的宏观政策和整体社会状况,包括政府职能、政府政策、社会价值取向和社会稳定性等方面。

(一)政府职能

政府作为国家权力的执行机关,表现为国家各级行政机关,那么这些机关的职能如何直接关系到会计制度的建设。在计划经济时期,政府的机构设置及其职能的构造和运行方式必须服务于计划经济的要求,政府既是国家的行政管理者也是国家的经济管理者,使得经济决策权高度集中,直接使用行政手段管理经济,形成了以"国有国营"为主体的经济管理格局。在这一前提下,政企合一、两权合一,企业不具备独立商品生产者的地位,只是政府的附属物,国家不承认企业的独立经济利益,表现在会计制度上,以"资金占用＝资金来源"作为基本会计等式,并以完成和超额完成国家计划为基本任务,以"三段式"资金管理模式管理企业,以定额流动资金使用情况、利润和可比产品成本降低率(额)等指标直接考核企业的工作业绩。进入社会主义市场经济建设时期后,则要求转变政府职能,将过去的直接管理转变为宏观间接调控,实施政企分开,一方面将政府的职能转变为统筹规划、制定政策、提供

---

① 辞书研究中心《应用汉语词典》,北京:商务印书馆,2000 年,第 1109 页。

服务、信息引导、组织协调和监督检查上来;[①]另一方面,要求实现国有企业的所有权与经营权的分离,建立现代企业制度,使企业成为独立的经济主体、市场主体,由此要求严格区别资本与负债,保护所有者及债权人的合法权益,打破计划经济会计模式,建立"资产 = 负债 + 所有者权益"的会计等式,改革一系列会计确认、计量、记录与报告内容和体系,这就是 1993 年会计制度改革的大背景之一。

(二)政府政策

政策是国家或政党为完成一定历史时期的总任务而制定的行动准则。与政府职能相联系,我国政府政策也可以分为计划经济政策和市场经济政策两大类,而不同时期的具体政策又有所不同。20 世纪 50 年代初,随着全国学习苏联热潮的深入,受苏联计划经济的影响,人们认为社会主义会计的主要目标是监督和指导计划的执行,一切经济工作都围绕完成国家指令性计划进行。反映在会计制度上,自 1952 年起施行的会计制度便将资产负债表结构由原来的"资产 = 负债 + 净值"改为"资产的运用 = 资金的来源",并加入了定额流动资金、定额负债的项目,以便与有关计划结合,这一基本状况一直持续到 1993 年的会计制度改革。此期间,"大跃进""文化大革命"两个时期曾一度出现了"无账会计""无人出纳处""无人发放工资"等"创新"办法,致使会计制度遭到严重的破坏,会计制度陷入瘫痪状态,中间的 1960～1966 年在"调整、改革、充实、提高"八字方针指导下,会计制度得到了一定的恢复。1962 年 1 月 20 日,财政部颁行的《国营工业企业会计报表格式和使用说明》,为了保持会计信息的可比性,明确了新制度的强制性,要求除了这些制度和企业上级主管机关的规定外,企业不得增减或合并会计科目,不得改变会计科目的编号、名称及核算内容,同

---

① 邓荣霖《现代企业制度概论》,北京:中国人民大学出版社,1999 年,第 366 页。

时将资产负债表正式改为资金平衡表,实现了全国范围内的统一和规范。1978年12月召开的党的十一届三中全会,标志着我国改革开放进入了一个新纪元,在"以经济建设为中心、对内搞活、对外开放"方针指引下,会计制度再一次获得了新生,并日益显示出它的重要作用和不可替代性。1980年9月18日,财政部颁布了于1981年1月1日实施的国营工业企业会计制度,资金平衡表采用固定资金、流动资金和专项资金"三段式",恢复了借贷记账法的名誉,呈现出收付记账法、增减记账法和借贷记账法"三分天下"的局面,尤其在"对外开放"方针指导下,我国利用外资的深度和广度不断提高,1984年,党的十二届三中全会制定了《关于经济体制改革的决议》,提出了我国社会主义经济是公有制基础上的有计划的商品经济的论断,1985年,财政部颁布了《中外合资经营企业会计制度》,首次出现了"实收资本"这一资本类科目和票据类、无形资产类科目,为1993年的会计改革奠定了坚实的基础。此后1992年党的十四大提出建立社会主义市场经济体制的经济体制改革的总体目标,财政部于1992年11月发布了"两则两制",明确要求采用借贷记账法,确立了四项会计核算基本前提和十二项会计核算基本原则,将会计基本等式由"资金占用＝资金来源"改为"资产＝负债＋所有者权益",采用国际通行的会计报表体系和制造成本制度,告别了计划经济会计模式,向会计核算的国际化迈出了重要的一步。财政部于2000年12月29日颁布的《企业会计制度》,更是进一步提升了我国会计标准的国际化水平,既缩短了与国际会计规范的距离,也体现了中国会计的特色,是我国会计制度史上的一次飞跃式革命。显然,一定的政府政策构造了一定的政策环境,并直接或间接地影响了会计制度的走向。

（三）社会价值取向

社会价值取向是人们对价值的选择态度,这里的价值又是指人们对事物用途或效用的看法。中华人民共和国成立后至20世纪60年代中期,在"大干社会主义""三面红旗"旗帜下,在建设社会主义的喜悦中,在计划经济框架下,人们将诚实肯干、为人民服务视为美德,形成了"一心为公、大公无私"的社会价值取向,该期间出现的会计制度弱化以及"无账会计""无人出纳处""无人发放工资"等,也是当时社会价值取向的结果。"文革"期间,在"政治挂帅"口号下,一切为政治服务,"宁要社会主义的草,不要资本主义的苗",形成了"政治第一"的社会价值取向,闭关锁国、忽视经济建设,管理制度被视为"管、卡、压",致使国民经济走到了濒临崩溃的边缘,会计制度的命运可想而知。随着"文革"的结束,党和国家的工作重心转到经济建设上来,各项工作逐步步入正轨,国家法制建设不断完善,经过多年的改革开放,国民经济获得了飞速的发展,人民的生活水平得到了空前的提高,发展经济、融入经济全球化的"大家庭",已成为国家、公民的共识,逐步形成了"发展经济、勤劳致富"的社会价值取向,规范各项经济活动的规则便应运而生并日臻丰富和完善,会计制度作为一项重要职业行为规则,自然也获得了有目共睹的重大发展,从而进一步验证了"经济越发展,会计越重要"的真理。可见,一定的社会价值取向是特定会计制度得以诞生并被社会接受的基础环境之一。

(四)社会稳定性

可以说,当社会处于比较稳定时期,会计制度就发展得快一些;当社会处于相对不稳定甚至动荡时期,会计制度就发展得慢一些,甚至受到摧残。归根到底是社会稳定性影响社会经济的发展水平,后者又造就了一定的经济环境,影响人们的经济观念,进而影响到会计制度的命运。"大跃进"与"文革"期间会计制度的损害,以及国民经济恢复时期、60年代初期、改革开放时期会计制度的发展,均与社会稳定性具有密不可分的关系,与人们对发展经济的认识有关。

第二节 经济状况

经济作为社会生产关系的总和，是政治、法律、意识形态等上层建筑赖以存在的基础，是人类社会发展的基础，也是决定会计制度内容及其水平的最根本的环境因素，具体来说，可以从经济结构、经济水平和经济形态三个方面考察。

（一）经济结构

经济结构是构成经济整体的各个组成部分及其比例关系，这里既包括行业结构，也包括出资人结构和资本结构，而后者恰恰决定了经济结构的性质，并在很大程度上决定了经济发展水平，也决定了会计制度的性质和水平。

（1）出资人结构。很显然，企业出资人的多少、不同，决定了企业产权的复杂程度，同时也决定了对会计信息需求的复杂程度，进而决定了会计制度的复杂程度。在以独资、合伙为主体的环境下，由于出资人较少、企业与外界的联系较少，其会计信息主要是以对内服务为主，一般不需要社会公证，因而没有统一会计标准的必要，自然不会产生会计制度或类似会计制度的约束，这就是 20世纪初西方诞生会计准则以前的自由会计制度时期。相反，在以公司制为主体、上市公司为主导的环境下，由于投资主体的多元化、企业与外部联系的广泛化和复杂化，对会计信息的需求也趋于多样化和复杂化，从而带动会计制度的复杂化。

（2）资本结构。资本结构体现为企业的资金来源结构，主要可以通过资产负债率加以说明。从西方来看，英美是资本主义发展较早的国家，提倡经济发展的个人参与意识，在政治上也为个人的投资活动提供了保证，导致股东和掌握控制权的管理人员分散，企业的资本主要来自于所有者投资，具有较低的资产负债率。与英美不同,德国和日本两国在政治上习惯于统治权的集中,强调共同主义,主张中央统制的经济体制,从而促进了中央银行的建立与发展,企业的资本主要来源于债权人,具有较高的资产负债率。由此产生了以满足资金提供者需要为主要目标的英美会计模式和以满足政府需要为主要目标的大陆会计模式。[1] 我国强调民主集中制,集权思想根深蒂固,导致政府集中利用银行等手段调控经济的发展,尤其是中华人民共和国成立后实行的高度集中的计划经济管理体制,国家重视银行调控社会经济发展的职能作用,银行作为企业资金的主要供给者,导致了高负债的企业资本结构,也属于大陆会计模式,而在具体会计制度的建设上,更加突出服务于国家宏观经济管理的需要,产生了计划经济会计模式。1993 年的会计制度改革,表面上摆脱了计划经济会计模式,实际上主要是会计等式、成本计算模式和财务会计报告体系等方面的变革,远没有建立市场经济会计模式,这与当时证券市场建立时间较短、上市公司较少、上市公司还没有在国民经济中起到主导作用有关,因为上市公司的资金来源主渠道是发行股票,资产负债率一般较低,[2] 会计信息的主要目标是满足以所有者为主体的相关使用者的需要,会计信息的相关性更强、会计人员的职业判断力更强,2001 年会计制度则是这一环境下的产物。

(3)行业结构。行业结构既标志着经济发展水平,也反映了行业的经济贡献,同时也决定了制度的样板或基础。例如,以农业为支柱产业的非洲国家,其经济发展水平较低,但关于农业方面的会计规范较为细腻和发达;以石油业为支柱产业的中东地区,其制造业发展水平较低,但石油勘探业会计规范比较先进;西方发达国

---

[1] 王德升、白肇鲁、阎金锷《国际会计》,北京:中国审计出版社,1994 年,第 61 页。

[2] 上市公司 1998 年的综合资产负债率为 47.54%,国有企业 1996 年的综合资产负债率为 68.5%。(参见徐春立《企业资本结构战略》,天津:天津科技出版社,2002 年,第 81 页。)

家的经济发展主要来自于制造业和国际贸易,其制造业和商业会计规范比较发达。我国虽然处于农业社会向工业社会转型时期,但工业、进出口贸易对国民经济的贡献率较大,因而我国的会计规范也是以工业最为发达和详尽,并以工业会计规范为基础设计其他行业会计规范。

(二)经济水平

综观会计规范的发展史以及同一时期不同国家(地区)会计规范的差异,其根本原因在于经济发展水平不同,[①] 当然,经济发展水平对会计制度的影响有一个渐进或滞后的过程,一般来说,有了新的经济活动,才提出对该经济活动的会计规范的要求,进而产生有关会计规范。经济发展水平越高,经济活动越复杂,对会计规范的要求也越高,促使会计制度越复杂,尤其是需要会计判断的内容越来越多,促使会计制度越来越丰富和完善。

(三)经济形态

经济形态是经济的一种状态,或称经济体制。经济体制是一定社会内生产资料所有制结构和经济管理制度、方法等。[②] 从人类社会发展来看,一般分为原始社会、奴隶社会、封建社会、资本主义社会和共产主义社会五种社会形态,或分为自然经济(含原始社会、奴隶社会、封建社会)、商品经济(资本主义社会)和自由劳动经济(共产主义社会)。[③] 实际上共产主义社会的初级阶段——社会主义,仍然存在并需要大力发展商品经济,才能逐步过渡到消灭商

---

① 西方还有一种"文化决定论",认为文化是一个国家会计制度形成中的重要决定因素,无论是会计理论与会计制度研究会计方法的选择、会计模式的形成,还是对各种会计现象的认识和解释以及会计实务的发展方向等,在很大程度上取决于会计所处的文化环境。(郝振平主编《会计的国际透视》,大连:东北财经大学出版社,1997年第25页。)我国会计制度的演进也说明了这一点。

② 商务印书馆辞书研究中心《应用汉语词典》,北京:商务印书馆,2000年,第649页。

③ 中共中央编译局《马克思恩格斯全集》第46卷(上),北京:人民出版社,1972年,第104页。

品经济的高级共产主义阶段。自然经济、自由劳动经济都属于产品经济,因此,人类经济形态大致可以分为产品经济形态和商品经济形态两种经济形态。不同经济形态对会计制度的要求有所不同,其会计制度的特征和内容自然也有所不同,这是由会计信息的使用者及其对会计信息的需求不同所决定的。

(1)产品经济形态。产品经济形态是以产品的生产和交换为主要特征的经济形态,这里不存在市场或市场不起主导作用,不存在或很少有与市场相关的规则。按照其发展程度,产品经济形态分为初级和高级两个阶段。封建社会以前的经济形态属于初级产品经济阶段,我国计划经济时期也是如此。初级产品经济形态经过初级商品经济、高级商品经济阶段后,将发展到社会公共管理部门对整个社会经济的规范,进入到高级产品经济阶段,即进入真正的计划经济时期。无论是初级还是高级产品经济形态,由于投资主体和经济关系的单一性或简单性,使得会计信息需求者的数量、会计信息的内容变得相对较少,会计制度也必然相对简单,这已为历史所证实。在我国,计划经济体制从1949年开始建立,到1956年基本完成,一直到1978年得到进一步的强化,主要特征表现为:"以单一的公有制为基础,实行高度集中的、以行政指令为主的、排斥市场机制的计划。这种指令性计划是配置社会经济资源的主要方式。"[①] 由此,满足国家宏观经济管理是提供会计信息的首要甚至是唯一的目标,会计信息的内容也主要限定在国有资产的保值增值方面,同时由于闭关锁国、国际经济交往较少,财务会计报告可以自成体系,也不必考虑有关国际协调问题。

(2)商品经济形态。商品经济是直接以交换为目的的经济形式,包括商品生产和商品交换。迄今为止,在除了原始社会以外的各个社会形态中,都存在过商品经济,但在奴隶社会和封建社会占

---

① 刘国光、桂世镛《社会主义市场经济概论》,北京:人民出版社,2002年,第17页。

统治地位的是自给自足的自然经济,商品经济只处于从属地位,基本上是简单的商品经济,只有到了资本主义社会,生产和出售商品的目的是为了取得剩余价值,而不是为了取得其他商品以满足自己的需要,才变成真正的商品经济形态。按照商品经济形态的性质,可以分为初级商品经济形态和高级商品经济形态。初级商品经济形态是自由商品经济,或称古典的市场经济,从18世纪下半叶开始到20世纪30年代为止。① 这一时期属于自由放任的市场经济时期,会计核算是比较自由的,"工业革命之前,会计的发展一直由商人的活动所决定,工业革命之后,这种发展由实业界的巨头们所驱使",② 国家还没有统一会计规范的要求。

　　20世纪30年代以后,资本主义世界的第一次经济危机宣告了自由放任市场经济理论的破产,要求国家干预市场经济的政策和理论随之诞生,凯恩斯主义得到推崇,主张政府实行扩张性货币政策、鼓励消费和引导需求、实施对外经济扩张策略,弥补国内有效需求的不足,实行了有国家干预的市场经济,构建了现代或高级市场经济模式,其运行条件和主要特征是:独立自主的企业制度,要求企业具有明确的产权,企业是经济上、法律上独立的实体;完善的市场体系,要求具备商品市场、资本市场、技术市场、信息市场、土地市场、劳动力市场等市场体系,要求统一的国内市场并对外开放,要求平等、有序的竞争环境和反映价值、反映供求关系的价格机制;健全的宏观调控体系,要求以保证市场在资源配置中的基础作用前提下,实施以经济、法律的间接手段为主、以行政的直接手段为辅进行宏观领域的经济调控;严格的市场运行规则,包括市场进入规则、市场竞争规则和市场交易规则,这是由市场经济的契约性和法制性所决定的。③

① 刘国光、桂世镛《社会主义市场经济概论》,北京:人民出版社,2002年,第2页。
② 海渥《会计史》,杨健译,北京:中国商业出版社,1991年,第102—103页。
③ 刘国光、桂世镛《社会主义市场经济概论》,北京:人民出版社,2002年,第7—10页。

　　自 1978 年党的十一届三中全会提出重视价值规律、按照经济规律办事以后,1984 年 10 月,党的十二届三中全会提出了有计划的商品经济,1987 年党的十三大报告提出了"国家调节市场,市场引导企业"的机制,1992 年,党的十大提出建立社会主义市场经济体制的改革目标,1993 年,十四届三中全会设计了"一个基石、五根支柱"的社会主义市场经济的基本框架,即社会主义初级阶段的基本经济制度是以公有制为主体、多种所有制经济共同发展,以此为基石。五个支柱是:第一,建立以公司制为主要形式的现代企业制度;第二,建立商品市场和要素市场共同发展,具有价格机制合理、全国统一、平等竞争的市场体系;第三,建立以间接调控为主、健全的宏观经济调控体系;第四,建立按劳分配与按要素分配相结合、以按劳分配为主的分配制度;第五建立多层次、多形式的社会保障体系。[①] 可见,我国社会主义市场经济基本构架符合现代市场经济的基本要求,具有其基本特征。为满足这一高级商品经济形态的运行需要,会计制度的变革也就在所难免,并随着这一经济形态的深化而逐步深化和完善,于是才有 1993 年、2001 年会计制度的革命。

第三节　科技水平与文化取向

(一)科学水平

　　科学是关于自然界、社会和思维的客观规律的知识体系,是人们在社会实践基础上产生和发展而成的经验总结。技术是进行物资资料生产所凭借的方法或能力。科技的发展是人类社会发展的直接动力和源泉,科学技术作为第一生产力,在人类社会的发展进程中已充分显示出其不可替代的龙头作用,人类 20 世纪所创造的生产力,之所以超过以往人类社会所创造生产力的总和,其根本原

---

① 刘国光、桂世镛《社会主义市场经济概论》,北京:人民出版社,2002 年,第 16 页。

因在于科技的进步和飞速发展。科技的发展,带来了人们科技理念的更新,带来了技术手段的变革甚至革命。"会计是一门具有技术性的经济管理分支学科,技术不断进步和发展为会计提供了日益先进的手段和工具,对会计方法、手段革新,拓宽、深化会计工作领域起到了重要的促进作用,如现代数学方法、电子计算机技术等不仅提高了会计工作效率和工作质量,而且改变传统的会计观念和操作方法,从而促使会计理论和会计方法的变化和发展。"[①] 科技的发展,一方面引起会计制度运行手段、会计记录和报告方式的变化,如由手工会计转变为电算化会计,进而可能产生网络会计。科技环境对会计制度的影响是深刻、广泛和深远的,而科技的应用离不开一定文化的渗透,受到特定文化环境的影响。

(二)文化及文化取向

从广义上说,文化是指人类在社会实践过程中所创造的物质财富和精神财富的总和,狭义上专指精神财富,如文化生活等,这里指的是狭义的文化。文化是特定人类群体所创造的,不同的人群具有不同的文化,但包含相似的内容,即"文化是生活方式的总和,它包括诸如一般行为、信仰、价值观、语言和社会成员的生活方式等要素,它也是某区域内人们的价值观、特征或行为的特征表现"。文化具有实用性、社会现象、规范性、学习获得性、武断性、价值载体、沟通工具、适应性、动态性、长期性、满足需要性等特征。[②] 一国的文化不仅有其独特之处,而且也在不断变化之中,由此形成各国会计模式和同一国家不同时期会计规范内容甚至规范方式的变化。一个国家的文化取向,尤其是价值取向,不仅影响着该国会计实务的发展过程和方向,而且影响着该国会计模式的选择,同一个国家不同时期的文化变化,也是会计规范变革的重要条件和原

---

① 吴水澎《中国会计理论研究》,北京:中国财政经济出版社,2000年。

② 保罗 A·郝比格《跨文化市场营销》,李磊等译,北京:机械工业出版社,2000年,第15页。

因之一。文化取向主要表现在四个方面。[①]

（1）权利结构取向。权利结构取向是指某机构或组织中权利的分配程度，分为大跨度权利结构和小跨度权利结构。在前者中，人们倾向于接受某种等级制度，认可上下级之间的等级关系，下级服从上级是自然的事，人们并不关心这种权利差距是否合理，而关心自己在该机构或组织中的位置、做好自己的工作；在后者中，人们不仅关心自己的位置，更倾向于权利的公平，如果权利不公平，则要寻求不平等的合理性，虽然下级要服从上级，但努力寻求服从的理由，即知其然并知其所以然。

（2）成员结合取向。成员结合取向是指社会成员之间结合的方式，分为松散联结结构和紧密联结结构。在松散联结结构中，人们倾向于相互独立、自主决策，带有明显的个人主义色彩，因此也称个人主义取向；在紧密联结结构中，人们倾向于相互密切、集体决策，具有非常强的集体观念和集体荣誉感，带有浓厚的集体主义色彩，因此也称集体主义取向。

（3）风险态度取向。风险态度取向是指人们对不确定性和模糊性所能容忍的程度，分为对不确定性的强避免取向和弱避免取向。在前者中，人们会竭尽全力避免不确定性和模糊性，讨厌似是而非的事或规则，以便能够控制未来，因此具有直线型的思维方式和较准确的预测能力；在后者中，人们则不在乎不确定性是否发生和模糊性的存在，会直面复杂的现实而不刻意避免不确定性，因此具有曲线型的思维方式和不够准确的预测能力。显然，持不确定性的强避免取向的人们显得谨小慎微，缺乏冒险精神，但比较稳健；持弱取向的人们则敢于冒险、善于冒险，具有更强的创新精神，但因为风险大的缘故，因而不够稳健。

（4）刚柔态度取向。刚柔态度取向是指人们对待事物的刚性

---

① 郝振平《会计的国际透视》，大连：东北财经大学出版社，1997年，第23-24页。

或柔性倾向,分为阳性取向和阴性取向。持有阳性取向的人们比较自信、崇拜强者、重视成就和赚钱、崇尚英雄主义;持有阴性取向的人们谦逊虚心、关心弱者,注重人际之间的良好关系,注重环境保护,讲求生活质量,更加倾向于人们之间的情感交流。

(三)文化取向对会计制度的影响

人们经过研究得出的推论是:"一个社会中个体主义倾向较小、不确定性避免倾向较大,那么其会计文化中表现出的职业化倾向就较小(或统一性较大)。""一个社会中不确定性避免倾向较大、个体主义倾向较小,那么其会计文化中表现出的保密倾向就较大。"①

此外,小跨度权利结构、集体主义取向的社会,其会计文化表现出下级对上级的服从倾向以及从众倾向;阴性取向社会的会计文化具有民众谦逊、依赖于政府的倾向,这恰恰是我们中国会计文化的基本特征,从而构造了我国独特的会计制度体系并使其有效运行的文化基础。因此,与美国的小跨度权利社会、避免不确定性的弱取向、个人主义取向和阳性取向不同,中国作为大跨度权利社会、避免不确定性的强取向、集体主义取向和阴性取向等文化特征的国家,选择会计制度形式规范会计行为是有充分理由的,是集权制文化使然。因为会计制度由财政部制定、发布并监督其执行,作为规章具有强制性,体现了大跨度权利社会的特点和集体主义取向的特点;会计制度中的较少选择性体现了避免不确定性的强取向特点和阴性取向特点。例如,我国会计人员习惯于按部就班地执行法规制度,对法规制度的完整性和具体性要求较高,但不善于进行职业判断和政策选择,容易教条化;而在美国,会计人员则善于独立思考和职业判断,能够比较灵活地理解和执行会计法规制度,对法规制度的灵活性要求较高。虽然从 1993 年起我国出现了

---

① 郝振平《会计的国际透视》,大连:东北财经大学出版社,1997 年,第 25-26 页。

基本会计准则规范,1997年起又陆续发布了若干具体会计准则,但这些准则仍由财政部制定、发布和组织实施,同样体现了我国的文化特征。随着我国对外开放进程的不断深化,外国文化对我国传统文化产生了一定的冲击,避免不确定性倾向有所加强,个人主义取向和阳性取向也在国民中得到了一定的认可和接受,2001年会计制度中诸多会计职业判断内容的增加,不能说与此不无关系。

第四节　法律制度

法律环境对会计制度的影响是不言而喻的。关于法律环境对会计的影响同样适用于会计制度,对此许多中外学者进行过较为深入的研究。这里主要针对我国相关法律对会计制度内容及其建设的影响,作些较为具体的探讨。

法学作为以法律为主要研究对象的一门社会科学,一般包括法学基础理论、法学思想史、法律制度史、比较法学、各个部门法学(如宪法学、行政法学、刑法学、民法学、经济法学、诉讼法学、家庭婚姻法学等)、国际公法学和国际私法学等,而法律是一种行为规范,由具体的条文构成。我国现有法律主要包括行政法、行政诉讼法、民法、婚姻法、继承法、经济法、刑法、民事诉讼法、刑事诉讼法、仲裁法等类别,其中与会计制度关系较为紧密的主要是民法和经济法。

(一)民法

民法是调整平等主体的公民之间、法人之间、公民与法人之间的财产关系和人身关系的法律规范的总称。从我国《民法通则》的内容看,主要是:第一,公民(自然人),包括公民的民事权利能力和民事行为能力、监护、宣告失踪和宣告死亡、个体工商户、农村承包经营户、个人合伙等规范;第二,法人,包括企业法人、机关、事业单位和社会团体法人、联营等规范;第三,民事法律行为和代理;第四,民事权利,包括财产所有权和与财产所有权有关的财产权、债权、知识产权、人身权等规范;第五,民事责任,包括违反合同的民事责任、侵权的民事责任、承担民事责任的方式等规范。会计制度是对会计行为的规范,而会计行为的客体是企业单位的资金运动,任何企业单位必须履行一定的法律行为,在履行各项民事权利同时,与公民、其他法人发生经济关系,并承担相应的民事责任。会计制度中所规范的会计主体、持续经营会计核算的基本前提,有关权益的界定等均是以民法的有关规定为基础的。以下主要从法人、民事法律行为、民事权利和民事责任四个方面探讨民法对会计制度的影响。

1. 法人

法人是具有民事权利能力和民事行为能力,依法独立享有民事权利和承担民事义务的组织。会计主体作为会计人员为之服务的特定单位,首先是依据于《民法通则》对法人的界定,这一特定单位必须有必要的财产或者经费、以企业经营管理或所有的财产承担民事责任的规定,是形成会计主体和持续经营两项会计核算前提的基础,而企业法人分立、合并的相关规定又进一步界定了会计主体的范围,并成为会计报表附注说明中的一项重要内容。没有法人的概念,就不会有现代企业,不会有现代会计,自然不会有现代会计制度。

2. 民事法行为

根据《民法通则》规定,民事法律行为是公民或者法人设立、变更、终止民事权利和民事义务的合法行为,形成民事法律行为应当具备的条件包括:行为人具有相应的民事行为能力;意思表示真实;不违反法律或者社会公共利益。企业的设立、变更或终止必须是合法的行为,企业的初始会计核算也必须是在此基础上进行,会计制度虽然没有明确涉及这一问题,但其背后所隐含的这一法律依据也是不能忽视的。

3. 民事权利

民事权利是"当事人在国家强制力量的保障下,依法进行某种活动和要求他方进行或不进行某种活动,实现某种利益的可能性"。包括财产所有权和与财产所有权相关的所有权、知识产权、债权和人身权。[①] 显然,除了其中的人身权以外,其他权利均与会计制度密切相关。

(1)财产所有权。财产所有权是指所有人依法对自己的财产享有占有、使用、收益和处分的权利。财产所有权的取得,不得违反法律规定,按照合同或者其他合法方式取得财产的,财产所有权从财产交付时起转移,财产可以由两个以上的公民、法人共有,这里的共有分为按份共有和共同共有。按份共有人按照各自的份额,对共有财产分享权利,分担义务;共同共有人对共有财产享有权利,承担义务。按份共有财产的每个共有人有权要求将自己的份额分出或者转让。但在出售时,其他共有人在同等条件下,有优先购买的权利。国家所有的土地,可以依法由全民所有制单位使用,也可以依法确定由集体所有制单位使用,国家保护它的使用、收益的权利;使用单位有管理、保护、合理利用的义务。这些法律规定,第一,构成了会计制度中资产归属的基础,尤其是构成了存货确认的法律依据;第二,提供了所有者权益及其变更的法律基础,如实收资本是一种按份共有,各个出资人按照出资额分享利润或承担亏损,所投入的资本可以依法转让,而资本公积则是共同共有;第三,明确了企业对土地的使用权,为会计制度中将土地作为固定资产管理提供了法律依据。

(2)知识产权。知识产权是公民、法人享有的工业产权和著作权(版权)。这里虽然主要涉及的是专利权、商标权和著作权,但正是因为这里对知识产权的承认,才为后来以知识产权为主体的无形资产的研究、实施,以及相关会计规范奠定了坚实的法律基

[①] 章若龙等《简明法律辞典》,武汉:湖北辞书出版社,1986年,第193页。

础,掀起了无形资产的研究热潮。

（3）债权。债包括债权、债务两个方面,是会计制度规范中的重要内容之一。按照我国民法的规定,债是按照合同的约定或者依照法律的规定,在当事人之间产生的特定的权利和义务关系,或"特定的当事人之间的一种民事法律关系"[①]。合同是当事人之间设立、变更、终止民事关系的协议。没有合法根据,取得不当利益,造成他人损失的,应当将取得的不当利益返还受损失的人。从会计制度对债权债务两个方面的规范来看,虽然与民法所规定的概念和内容有所不同,但源于法律的基本规范,由此构成应收项目、流动负债、长期负债等会计制度的规范。

4. 民事义务

民事义务是当事人依法必须进行某种活动或不进行某种活动,以满足民事权利人的适当要求的一种法律责任。[②]民法规定,公民、法人违反合同或者不履行其他义务的,应当承担民事责任。公民、法人由于过错侵害国家的、集体的财产,侵害他人财产、人身的应当承担民事责任,对于虽然没有过错,但法律规定应当承担民事责任的,也应当承担民事责任。民事责任主要包括违反合同民事责任和侵权民事责任两类。对于前者,当事人一方不履行合同义务或者履行合同义务不符合约定条件的,另一方有权要求履行或者采取补救措施,并有权要求赔偿损失;当事人一方违反合同的赔偿责任,应当相当于另一方因此所受到的损失。当事人可以在合同中约定,一方违反合同时,向另一方支付一定数额的违约金;也可以在合同中约定对于违反合同而产生的损失赔偿额的计算方法。当事人双方都违反合同的,应当分别承担各自应负的民事责任。当事人一方因另一方违反合同受到损失的,应当及时采取措施防止损失的扩大;没有及时采取措施致使损失扩大的,无权就扩

---

① 章若龙等《简明法律辞典》,武汉:湖北辞书出版社,1986年,第206页。

② 章若龙等《简明法律辞典》,武汉:湖北辞书出版社,1986年,第193页。

大的损失要求赔偿。合同的变更或者解除,不影响当事人要求赔偿损失的权利。对于后者,侵占国家的、集体的财产或者他人财产的,应当返还财产,不能返还财产的,应当折价赔偿。损坏国家的、集体的财产或者他人财产的,应当恢复原状或者折价赔偿。受害人因此遭受其他重大损失的,侵害人应当赔偿损失。公民、法人的著作权(版权)、专利权、商标专用权、发现权、发明权和其他科技成果权受到剽窃、篡改、假冒等侵害的,有权要求停止侵害,消除影响,赔偿损失。所有这些规定,为确认和计量企业的债权、债务提供了法律依据,也奠定了会计记录和报告的基础。

(二)经济法

经济法是国家为了管理国民经济而制定的调整一定范围经济关系的法律规范的总称。目前对会计制度影响较大、较直接的主要是公司法、税法和会计法。

(1)公司法。公司法是调整与公司组织有关的各种关系的法律规范,包括公司的设立、组织、活动与清算等内容。1993 年 12 月 29 日,第八届全国人民代表大会常务委员会第五次会议通过了中华人民共和国成立后第一部《中华人民共和国公司法》,1999 年 12 月 25 日,第九届全国人民代表大会常务委员会通过了该法的修正稿,其主要内容包括:有限责任公司的设立和组织机构(设立、组织机构、国有独资公司)、股份有限公司的设立和组织机构(设立、股东大会、董事会、经理、监事会)股份有限公司的股份发行和转让(股份发行、股份转让、上市公司)、公司债券、公司财务与会计、公司合并与分立、公司破产、解散和清算、外国公司的分支机构等。现代会计制度是以公司制度为基础的,因此公司法对会计制度规范的重要影响是人所共知的。

(2)税法。税与会计制度的密切关系是人所共知的。税法是国家制定的用来调整国家与纳税人之间在征纳税方面的权利与义务关系的法律规范的总称。税法是国家依法征税、纳税人依法纳税的行为规范,制定税法的目的是保障国家利益和纳税人的合法权益,保证国家的财政收入,维护正常的税收秩序。税法是税收的法律表现形式,税收是税法确定的具体内容,税收与税法密不可分,有税必有法,无法不成税。国家的一切税收活动,均以法定方式表现出来。[①]可见,税法来源于国家税收的需要,是对税收行为(包括征税行为和纳税行为)的规范。同理,会计制度源于会计实践的需要,是对会计行为的规范;税法包括总则、纳税义务人、征税对象、税目、税率、纳税环节、纳税期限、纳税地点、减税免税、罚则、附则等要素,会计制度也有总则、会计确认规则、会计计量规则、会计科目规则、会计凭证规则、会计账簿规则、会计报告规则、会计档案规则等要素,而税法中各个要素的规范直接构成了会计制度中相关确认、计量、记录和报告的基础,尤其是税种设置、各个税法中有关纳税义务人、征税对象、税目、税率、应纳税额的计算、减税免税等方面的规定,更是制定会计制度时必须考虑的重要因素之一。

(3)会计法。会计法对会计制度的基础作用是不言而喻的。会计法中"规范会计行为,保证会计资料真实、完整,加强经济管理和财务管理,提高经济效益,维护社会主义市场经济秩序"的宗旨,是会计制度的宗旨,有关会计核算的规定直接界定了会计制度的规范范围、规范内容,成为制定会计制度的直接法律依据。

第五节 教育水平

这里的教育水平是指公民的受教育水平,包括一般教育水平和专业教育水平两个方面。"一个国家的一般教育水平和专业教育状况对会计实务有着重要的影响。一般教育水平决定着一个国家会计人员的素质,从而决定着该国的会计工作水平和会计发挥

---

① 财政部注册会计师考试委员会办公室《税法》,北京:经济科学出版社,2002年,第10页。

作用的大小。会计职业教育状况直接影响着会计人员的业务水平和技能高低,会计专业教育状况反映在专业教育制度、专业课程设置,以及职业后续教育和在岗培训等方面。"① 此外,一个国家不同时期的教育水平也对会计实务具有重要影响。作为规范会计核算行为、指导会计实务的会计制度,也必然受到教育水平的影响。我国会计制度的发展史也是一部教育水平的进步史,但我国目前一般教育水平和专业教育水平还不够高,严重制约了会计人员的职业判断能力,有人认为,这是形成短期内会计制度与会计准则并行的重要原因之一。② 实际上,教育水平对会计制度的影响不在于会计制度的存亡,更多的在于会计制度内容的规范方式是采用原则导向还是规则导向,或二者孰轻孰重。概括而言,教育水平对会计制度的影响,主要体现在会计制度的制定与修订、会计制度的实施和对会计制度的评价三个方面,这三个方面构成了一个完整的会计制度循环,即:会计制度的制定(修订)→会计制度的实施→会计制度的评价→会计制度的修订。

(一)对会计制度的制定与修订的影响

会计制度在制定、修订过程中,要考虑方方面面的因素,其中公民的受教育水平和会计人员的专业技术水平是必须考虑的重要因素之一。因为前者关系到会计信息使用者对会计信息的理解力和运用能力,后者涉及会计人员对会计信息的生产能力。此外,会计制度制定者的受教育水平也是制约会计制度内容,会计制度表述的科学性、合理性和清晰性的重要因素,决定了会计制度的供给水平。

(二)对会计制度的实施的影响

任何制度的制定、颁布都在于该制度的实施,以发挥该制度的

---

① 郝振平《会计的国际透视》,大连:东北财经大学出版社,1997年,第26页。
② 赵保卿《企业会计制度比较与衔接》,北京:中国时代经济出版社,2002年,第12页。

应有作用,而任何制度的有效实施都有赖于相关人员的协助与支持,当然与这些人员的受教育水平密切相关。会计制度实施的有效性,同样受到执行者素质的制约,这里主要涉及会计人员和单位管理人员两类人员的教育水平和职业道德水平。会计人员的受教育水平决定了其会计职业判断水平和对会计制度的理解能力、处理新的交易事项的创造能力,单位管理人员的教育水平决定了他们对会计制度的认识水平和支持程度。《会计法》中所作出的"单位负责人对本单位的会计工作和会计资料的真实性、完整性负责"的规定,突出表现了单位管理人员在会计制度实施过程中的重要作用,也反映了其受教育水平对会计制度有效实施的影响。

(三)会计制度评价的影响

会计制度的评价是会计制度修订和完善的重要前提。没有原会计制度优缺点的剖析及其适用性的论证,要修订会计制度必然是无的放矢。对会计制度作出评价的,可以是会计实务工作者、会计理论研究者、会计教育者、政府官员、企业管理人士,甚至学生等,但无论是何人的评价、站在什么角度的评价、什么结论的评价,都必须以一定的受教育水平为基础,这是不言而喻的。

综上所述,不仅我国不同时期的相关环境对会计制度的建设具有非常重要的影响,而且正是由于环境的不同,产生了世界上不同国家的会计规范甚至不同的会计规范模式,其中不乏会计制度规范,这些会计制度对于我国的会计制度建设无疑具有借鉴意义。

第六章　国际会计制度的借鉴

有学者认为,会计准则和会计制度都是企业会计核算的基本规范,"从某种意义上说准则代表了国际惯例,制度代表了中国特色"。实际上,采用会计制度形式为主体规范会计核算的国家,除了中国以外,还有法国,而应用会计准则和会计制度同时规范会计核算的也并非只有中国,只是其会计制度的地位、范围与我国有所不同。此外,虽然有的国家没有会计制度这一规范形式,但在有关法律法规和会计准则的规范中,仍含有非常丰富的类似于我们会计制度的内容(为了叙述方便,笔者也将其称之为会计制度),某些有益的做法仍然值得我们借鉴和思考。本章拟通过对法国、德国、日本、美国等具有代表性的西方国家和俄罗斯、乌克兰等原社会主义国家的会计制度的分析,探讨它们对我国会计制度建设的启示。

第一节　法国会计制度

(一)法国会计制度主要内容

1.法国的会计规范体系

法国会计制度包括以下四个层次:一是所执行的欧盟第4、第7和第8号与会计有关的指令,其中影响最大的是第4号指令,包括损益表和资产负债表的标准格式、报表的解释性说明、对"真实与公允"的要求、对上市公司编制合并报表的要求等,但不要求编制现金表或股东权益变动表,不要求在报告期计算每股净收益,并提出了持续经营、一致性、谨慎性、权责发生制、项目分别计价和对应性(上下期资产负债表日期的对应性)六项一般会计原则;二是《商法》和《公司法》中对会计的有关规定,比如,商法规定,公司年度报告必须真实、公允地反映企业的财务状况和盈利状况,必须遵循收入与成本的配比原则、会计政策的一贯性原则、相关性原则、谨慎性原则、历史成本原则及资产与权益间不可核销原则,而公司法又规定,合并报表编制中可以采用物价变动或者重置成本等会计计量原则,可以使用后进先出法进行存货计价,可以将融资租赁费用资本化,但不允许在编制个别报表时采用;三是法国政府制定的各项有关条例,如 1983 年 11 月 29 日通过的第 83-102 号政令(对第 83-353 号会计法案的实施细则)、1986 年通过第 86-221 号政令(对第 85-11 号会计法案的实施细则)等;四是财政经济部颁布的以会计总方案为代表的有关会计规范。此外,除了会计总方案之外,《会计手册》也是会计人员(含执业会计师)必备的文件,因为会计总方案具有相对的稳定性,而《会计手册》每年更新,会计人员可以通过查阅包括几千条目的《会计手册》,解决所遇到的新问题。这与我国的会计法律、会计法规、会计规章的体系基本是一致的,也是我们比较关注法国会计改革的重要原因之一。

从法国会计制度层次上看,最具代表性的是会计总方案。该方案不仅根据企业的规模大小来确定其适用范围,即扩展方案适用于上市公司、标准方案适用于大中型企业、缩略方案用于小型企业,而且针对行业差异,制定一些具体的专业会计方案,作为企业组织会计工作的全面性规范和依据,包括企业财务会计与成本管理会计方面的要求和规范。其内容包括:全国统一的会计账户名称、分类(分为资本账户、固定资产账户、存货账户、往来账户、财务账户、费用账户、收入账户、特别账户即或有事项)与编号,会计术语的定义和解释,会计分录的格式与账户的内容,会计计量原则、收益确认原则,经济业务在资产负债表与损益表中的分类,账户使用方法指南,年度报表标准格式,成本会计方法以及财务报表注释等。其主要特点包括:强调会计信息处理过程与税法的一致性、不注重关于投资人的会计信息,税务会计和财务会计合一;实行统一的会计制度,即要求企业按照税法、商法、公司法的有关规定和会计总方案生产和披露会计信息;积极推广社会责任会计等。可见,法国政府对会计事务也是采取直接干预的方式,实际上其会计规范的政府性质由来已久。这最早可追溯到 17 世纪路易十四时代制定的法典,该法典对商人的会计报表已作了明确的规定。

2. 法国的会计确认与计量

总体来看,法国会计在"真实与公允"概念指导下,除了遵循权责发生制和配比性等基本原则外,还必须遵循合法性原则,"如果因为遵守'真实与公允'而违反了合法性,要求披露任何与合法性不相符的详细内容,可见法国会计合法性的严格要求"。其中比较有特点的规定包括:

(1)坏账。采用直接转销法,因为税法中不允许采用备抵法。

(2)存货。期末存货按照成本与可变现净值孰低法计价,并计提可以抵税的跌价准备和提价准备。发出存货成本可以使用先进先出法或平均成本法确定,但不能采用后进先出法(编制合并报表时例外。实际上,法国现在实行的是单个公司会计与集团公司会计相分离的"双轨制")。

(3)固定资产和投资。如果公司的合并报表不受税法的限制,可以在适当的时候对某些资产按照市价进行重估,重估增值部分应缴纳资本利得税,重估发生的损益直接转入重估准备金,企业可以按照重估价计提折旧;对于各类固定资产都有标准的使用年限,计提折旧时不考虑残值,折旧方法通常采用加速折旧法;定期检查固定资产的余值,以确定其公允价值是否低于余值,如果公允价值低于余值,那么应按照公允价值计价,调低账面余值,发生相反情况时,再将上述减值转回。

(4)无形资产。企业外购的无形资产可以资本化,但无形资产不重估,不确认企业内部形成的无形资产;开办费既可以在营业开始的年度一次全额摊销,也可以在 5 年内摊销;"商誉在 5～20

年的时间内以直线法摊销,未摊销的部分每年都应检查以确定是否减值,但是,如果购并是购并方使用发行股票的方式进行的,那么商誉可与留存收益相抵减。负商誉作为递延收入并揭示为或有项目,在5年内确认。"

3. 法国的会计记录

法国公司法对相关会计记录作出了比较详细具体的规定,如日记总账必须编制页号,首页由商法庭的法官编号,除了有其他文件可以代替日记账的记录不必每天登记外,日记账必须逐日逐笔顺序登记;资产负债表簿也必须编制页号,首页也必须由商法庭的法官编号。此外,还必须设置总账、工资簿,销售收入在1.2亿法郎以上或雇员在300人以上的股份公开公司、有限责任公司等,还必须编制临时财务预测表、损益表、资产负债表等报表,所有账目和发票、合同等原始凭证要保存10年以上。

4. 法国的财务会计报告

法国的财务会计报告主要包括会计报表和会计报表注释两个部分。会计报表由资产负债表、损益表和财务状况变动表构成。其中,资产负债表的左方按照资产的重要性分为固定资产(含无形资产、长期投资)、流动资产和递延资产,右方的负债分为债务(指各种借款)、营业负债(应付款)、其他负债,留存收益与本年利润(指税后净利润)分别列示。损益表采用多步式编报,分为营业利润、财务净收益、非常性净收益三部分内容,共分为计算息前营业利润、息后营业利润、税前利润、税后利润四个步骤计算净利润。[1]

息前营业利润 = 营业收入 − 营业费用

营业收入 = 销售收入 + 其他业务收入

营业费用 = 销售成本 + 销售费用 + 制造费用 + 管理费用

营业利润 = 息前营业利润 + 财务收入 − 财务费用

---

[1] 夏冬林《法国会计简介》,《会计研究》,1995年。

税前利润＝营业利润＋非常性收益－非常性费用

税后利润＝税前利润－所得税

法国的会计报表注释的范围比较广泛,必须注释的内容包括:为反映"真实与公允"原则必须提供的附加信息以及为遵循这一原则而违反有关法规的详细情况,计价方法变更原因的说明,处置无形资产的说明以及租赁交易情况的详细说明等。下列事项如果比较重要,也应该予以披露:会计政策、重估价以及由此带来的会计和财务影响、贷款的到期日、存货账面价值与重置价值的差异、股本分析、被合并公司的名称、养老金、董事报酬的信息、可转换债券的情况、纳税变动分析、分部(分部门和地区)营业额分析、劳动力状况、遵循财务法规对损益确定的影响、递延所得税情况、子公司和联属公司的有关情况等。

法国会计是公认的面向税务的会计,税法对会计原则具有重大影响,使得法国会计准则向国际会计准则靠拢的步伐比较缓慢,法国议会似乎对法国准则和国际会计准则的协调不感兴趣,但随着经济全球化和国际会计协调呼声的高涨,法国的全国会计委员会(CNC)也进行了改组,将原来的执行办公室改造成一个受国际会计准则委员会承认的、以发布解释条文为目的的紧急委员会,下设国际会计准则部,1998 年实现了国家会计管理机构的改组,1999 年完成了《会计总方案》的重写,由经济和财政部颁布、自2000 年 1 月 1 日起在全国推行新的会计制度。种种迹象表明,伴随资本的国际流动和对资本的渴求,法国会计对国际会计协调的态度正在逐渐升温。

(二)法国会计制度启示

关于法国会计制度带给我们的启示和借鉴意义,已有许多专家学者作过总结和论述,包括:通过企业会计与合并会计的脱钩来解决国际惯例与国家特色的矛盾,以国家为主导进行会计规范化、更多采取"制度"(狭义)的形式进行会计的管理和协调、在实行统一会计制度的同时避免一刀切、适时推动会计制度的创新,根据企业规模不同采取不同的会计政策等,对此不再重述。此外,笔者认为,还有以下方面值得我们思考。

(1)坚持我国现有会计法规体系,是适应我国现行会计环境的需要。法国企业的资本结构与我国企业的资本结构非常相近,即资本主要来源于国家投资和银行借款,证券市场不够发达等,因此中法会计规范体系的相似便不足为怪。坚持我国现行会计规范体系,尤其是坚持会计制度规范,是适应我国会计环境的明智选择。

(2)在分层制定会计制度的同时,注重会计信息披露的层次性。我国2001年会计制度分为企业会计制度、金融企业会计制度和小企业会计制度三类,同时要制定分行业的会计核算办法,加上企业自己制定的会计制度,形成一种纵横交织的会计制度网络,比法国的"双轨制"和适用于上市公司、大中型企业、小企业的会计制度分类更加详细,比较符合我国的特殊环境。但在会计信息披露方面,却显得有些"一刀切",没有注意到其分层性,尤其是以股份有限公司会计制度为基础的《企业会计制度》,没有考虑上市公司与非上市公司在会计信息披露内容、披露方式等方面的区别。法国会计信息披露中区分上市公司与非上市公司的做法值得我们借鉴。

(3)适度运用稳健性原则等国际会计规范。应该说,2001年新会计制度规定提取的八项减值准备,有利于压缩资产中的"水分",提高会计信息的可靠性,无疑充分体现了谨慎性原则。而债务重组中禁止以公允价值计价、只确认重组损失、不确认重组收益的规定,既有利于抑制会计造假又贯彻了谨慎性原则,显然这些规定与国际会计规范有所出入,但却是我国特定会计环境的产物。法国也有与国际会计规范不一致的规定,如固定资产折旧的提取不考虑残值、资产负债表的资产按照重要性排列、开办费可以在营业开始时一次摊销等等。因此,国际会计规范并非是各国会计规范的唯一依据,各国应根据实际情况因地制宜地选择、修订和创造有关会计规范。

第二节　德国会计制度

(一)德国会计制度主要内容

德国是一个在经济上高度法制化的国家,其会计规范也纳入了法制化轨道,分散在有关法律条文中,并具有悠久的历史。早在19世纪,其会计规范就已经法典化,试图通过法律直接规定所有经济业务的会计处理,其中对会计规范影响最大的是《商法》《公司法》和《税法》。其中的商法最早制订于1897年,是影响会计实务的最重要的法规。商法规定,所有企业都必须有账簿记录,根据正规簿记原则,在营业年度终了时编制财产目录和会计报表,反映企业的经营状况和财务状况,会计报表必须按照正规簿记原则编制,必须清晰、完整。商法中还对股份有限公司、股份合资公司和有限公司作出了补充规定。公司法规定,企业应按其组织形式的不同分别执行不同的法律:股份公司和股东个人负责的公开公司(德国的一种企业组织形式,是一个有限合伙人与公司的混合体)应执行股份公司法,该法不仅详细规定了资产负债表和损益表的项目和结构排列、所适用的计价原则,而且还规定了股份公司创建、经营过程和破产清算所涉及的一系列具体会计处理方法;有限责任公司(也称私人公司)执行有限责任公司法,其法律规章限制比股份公司少一些。税法中规定了有关簿记的规章和资产与负债的计算与记录、会计期间收入与费用的分配、账簿记录保管等,这些规章及所规定的各项条款适用于德国各类公司企业。虽然德国公司会计区分为财务会计和税务会计(财务会计主要按照商法和公司法的有关规定进行会计处理,税务会计则遵照税法规定),但法律还规定了财务会计对税务会计的决定性原则,即税务会计要尽量顺从财务会计的方法。在实际工作中,税务会计和财务会计有三种衔接方法:财务会计遵循税法规定,与税务会计的处理方法保持一致(德国有 90%的企业如此处理);向财政机构编报的会计报表是在按商法编制的会计报表基础上加以调整的,内附有关调整的其他资料;分别按商法和税法规定编制两套报表。可见,德国的财务会计与税务会计基本是合一的,有关财务会计制度的规范涵盖于相关法律之中,并作出了具体的规定。例如 1965 年的《股份有限公司法》,对会计的计价规则、收益的计量、会计报表的格式和内容都作出了比较严格的规定,1985 年的《商法》更是详细规定了簿记、财产清单、会计核算的一般原则、计价、会计资料的保管与移交、资产负债和损益表的格式与项目、会计报表附注、合并报表等内容,截至目前,其《商法》的有关规定对企业会计仍具有强制性的影响。

德国的会计规范虽然散见于有关法律,但对会计核算的规定既有理论方面,更有实务操作方面。这里主要涉及会计信息的使用者、会计规范的制定者、会计信息的质量特征、会计假设与会计原则、会计要素、会计记录、会计信息披露、会计档案等方面。

1. 会计信息的使用者

一般认为,会计信息的使用者包括企业外部使用者和内部使用者两个方面,前者包括企业所有者、债权人、税务部门、证券监管部门、顾客、供货方等,后者包括公司董事会成员,公司经理,公司计划、人事、供应、市场行销、技术等方面的管理人员,以及生产车间的负责人等,并以投资人为主要服务对象。德国则认为,投资者中的大投资者或大股东,由于是企业的直接领导,或作为董事会、监事会成员,可以直接从企业取得比企业对外财务报告更为可靠详细的信息,因而不是企业对外财务报告的主要服务对象;但投资者中的小股东,则由于无权或根本不愿意参与企业经营管理,构成了企业的"局外人",他们以及与他们地位相似的债权人才是对外财务报告的主要服务对象。因此,德国会计信息使用者一般定位于债权人和小股东,属于"债权人保护模式",这与我国会计制度的"投资人保护模式"形成了鲜明的对照。

2. 会计规范的制定者

由于会计规范属于法律范畴,因此德国会计规范的制定必须符合其立法程序,但具体由联邦司法部负责。其大致程序是:首先,联邦政府的司法部制定会计规范草案,报政府内阁审定;其次,审定后的会计规范草案提交联邦参议院讨论并作出决议,退回给联邦政府;第三,联邦政府针对联邦参议院的表态提出看法,将法律草案及其说明、联邦参议院的表态及政府的解释报送联邦议院;第四,联邦议院委托其法律委员会对收到的这一草案进行审议,其中包括采取听政会、书面方式、口头方式征求社会各方面的意见,据此对草案进行相应的修改,通过与其同级的财政委员会和经济委员会等机构共同审议后作出决定,上交联邦议院;第五,联邦议院接到所属法律委员会提交的法律草案后,进行表决(只需要简单多数票即可通过),通过后交联邦参议院;第六,由联邦参议院对联邦议通过后交来的法律进行审议,通过后交联邦总统签署和联邦政府有关成员副署后,在联邦法律公报上公布。为清晰起见,将上述程序整理如图 6-1。

可见,德国会计规范的制定者虽然也是政府部门,但需要经过一系列繁杂的法律程序才能最终完成并付诸实施,有关会计核算方面的规则自然也属于法律范畴,最终决定权并不在规则的制定者,而且会计规范的制定要满足下列要求:会计规范应该使企业不能作出一项有利于一定的利益集团而不利于另一利益集团的决定;会计规范应该使企业不能向财务报告使用者提供错误的或不完整的会计信息,以至他们基于这种信息作出错误决策,引起资产

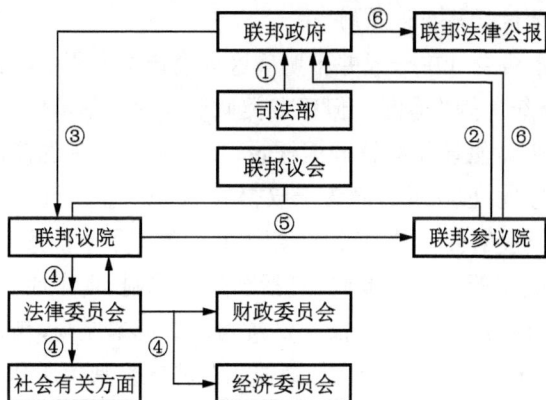

图 6-1　会计规范的制定者示意图

损失,即德国立法者的目的是要会计规范能在各个利益团体之间起到"公正"作用,但由于会计计量并不是精确的,存在着许多估计因素,允许企业有所选择,所以这一目标的实现存在许多困难。而德国作为社会市场经济国家,要求国家制定竞争规则而是直接干预,要求国家维持公平,保护弱者、保护获得企业有限信息的债权人等等,这些思想在会计规范中得到了充分的反映。

3. 会计信息的质量特征

在德国的会计规范中,没有会计信息质量的直接表述,但根据德国商法和公司法中关于会计原则的规定,可以总结出,德国财务会计信息的主要质量特征,对所有企业而言是"真实性"和"合规性",对资本性公司而言是"真实与公允性",此外还有可比性、一致性、及时性、明晰性等次要质量特征。在德国没有提到"相关性",据说这可能与英国会计对欧盟成员国的影响有关,也与德国具体的社会经济环境有关。因为德国证券市场虽然比较规范,但相对其经济而言并不发达,小股东一般并不直接参与股票的交易,而是委托银行代管,资本市场对会计信息的需求并不十分迫切,对信息相关性的关注程度自然也不高。

4.会计假设与会计原则

德国财务会计中一般并不明确区分会计基本假设与会计基本原则,而是统称为"原则",但存在类似于我国的基本假设的内容,包括会计主体假设和会计分期假设,这里虽然没有直接指明货币计量单位假设,但该假设隐含于取得成本原则之中,而将持续经营假设作为一般的会计原则对待。德国商法规定了十四条基本原则:关于报表编制的一般性原则,包括合规性原则、真实性原则、明晰性原则、及时性原则;关于报表要素确认的基本原则,包括报表同一性原则、全面性原则、禁止抵消原则或称轧差禁止原则或总额原则、反映一致性原则或称形式上的报表连续性;关于报表要素计量的基本原则,包括持续经营原则、逐项计价原则、谨慎原则、取得成本原则或称名义资本保持原则、期间划分原则(相当于权责发生制原则)、计价一致性原则或称实质上的报表一致性。

5.会计要素

会计要素作为财务会计中最基本的概念,也是会计报表的基本要素。德国财务会计基本要素也包括六项:资产、自有资本(业主权益)、外部资本(负债)、总收益(收入)、总费用(费用)、总成果(利润)。但其会计等式为:

资产=资本=自有资本+外部资本

总收益-总费用=总成果

不仅如此,上述各要素的含义和内容与我们的理解不尽相同,甚至大不相同,这是由于德国对会计等式的认识是以资金运动为基础的:资产是资金或资本的运用,资本则是资金的来源,资金来源再分为自有资本(即所有者权益)和外部资本(即负债)。而德国的"收入"表示的是一个"结算过程",是对"收款"在权责发生制基础上的扩展,既包括货币的增加或负债的减少(已实现的收款),也包括了应收款的增加(可能的收款),其对应的概念是"支出",而不是通常的"费用",德国的"收益"强调生产成果,不仅包括销售商品收入,还包括库存生产成果的增加和自制固定资产成果,是一种"总收益"观念;大多数企业仍乐于采用以"总收益"观念为基础的"总费用法"编制损益表。

6. 会计记录

同我国一样,德国的会计记录方法也包括账户设置、记账方法、原始凭证与记账凭证、成本计算、财产清查等,其中除了账户设置外,其他规则不仅属于法律范畴之内,而且在具体内容上也表现出极大的特色。

(1)账户设置。德国最早的账户体系是 1937 年德国经济部颁布的"公布的账户体系",1951 年,德国工业联邦协会制定了推荐性的、没有强制性的"统一账户体系",随后的 1953 年德国经济部宣告废止上述"公布的账户体系",1965 年,由于股份公司法的改革和成本核算的发展,德国工业联邦协会所属的经济委员会又制定了"工业账户体系",这一体系分为财务会计账户和经营计算账户(成本与绩效计算账户)两个部分、共 9 类账户:0 类为无形资产与有形长期资产、1 类为财务资产、2 类为流动资产与借方应计项目、3 类为自有资本与资本公积、4 类为负债及贷方应计项目、5 类为收益、6 类为经营支出、7 类为其他支出、8 类为结果计算、9 类为成本与业绩计算,企业可以根据其规模与生产结构、所属行业部门、成本计算体系等方面的不同,进行账户的选择。其中令人关注的是,德国运用了起始与结束账户,即所有账户的期末数据均结转于期末资产负债表,本期的期末资产负债表等于下期期初的资产负债表,而这一期初余额的登记和期末余额的结转必须有会计分录,为此设计了"起始账户"和"结束账户",期初建立新账时,借记资产类账户、贷记"起始账户",同时借记"起始账户"、贷记资本类账户;期末结账时,借记"结束账户"、贷记资产类账户,同时借记资本类账户、贷记"结束账户",如此登记后"起始账户"与"结束账户"借贷方相等,构成了联结各期资产负债表的桥梁。

（2）记账方法。在德国，存在着单式记账法、复式记账法和财政记账法三种记账方法。记账方法的选择取决于企业的种类和规模，一般而言，小企业可以采用单式记账法，其他企业应采用复式记账法或财政记账法，这主要是源于其所得税规则和簿记规则的规定。在所得税规则中，要求企业对经济业务的记录必须能够反映其发生与发展，即所采用的记账方法必须反映经济业务的来龙去脉，这就意味着业务复杂的企业必须采用复式记账法；簿记规则中规定："一般情况下采用复式记账方法或一种同类的财政簿记方法。在特定的情况下，尤其在零售和手工业的小企业，单式簿记方法也是允许的。"如上所述，由于德国的会计等式是"资产＝资本"或"资金运用＝资金来源"，因此其经济业务四种类型也就划分为：资产内部一增一减业务、资本内部一增一减业务、资产与资本同增业务、资产与资本同减业务，并将账户的借方视作"运用"，将账户的贷方视作"来源"，这与我国的增减记账法理论具有惊人的相似之处。

（3）原始凭证与记账凭证。同我国一样，德国会计凭证也分为原始凭证和记账凭证两类。原始凭证中包括制票人、受票人、制票日期、票据编号、经济业务的内容（数量、单价、金额）等要素，记账凭证包括会计分录、记账日期、凭证编号、记账人等项目；但其记账凭证是附于原始凭证之上的，即采用二者合一的方式，也就是登记前，先在原始凭证上加盖一个业务流水号，作为记账凭证的编号，再在原始凭证空白处加盖一个印章，该印章中含有记账凭证的有关项目，供会计人员编制记账凭证时直接填列。

（4）成本计算。德国的成本计算分为财务成本计算和经营成本计算两个部分。其中，财务成本计算以名义资本保持为基础，即以历史成本进行核算；经营成本计算以实物资本保持为基础，即依据重置成本进行核算，并与经营成本的控制相结合，具体成本计算分为成本种类（生产要素）的核算、成本发生地核算和成本对象核算三个步骤。成本种类核算主要是归集所有的成本性费用（相当于我们的要素费用核算）；成本发生地核算是将各种成本费用跟踪到成本发生地，确定发生地的成本，以便于成本费用的控制和向成本计算对象的分配；成本对象核算是根据成本发生地所发生的成本费用与成本计算对象的联系，向有关成本计算对象分配成本费用，从而计算出某成本计算对象的成本。其中分为两个直接成本和间接成本，如图6-2。[①]

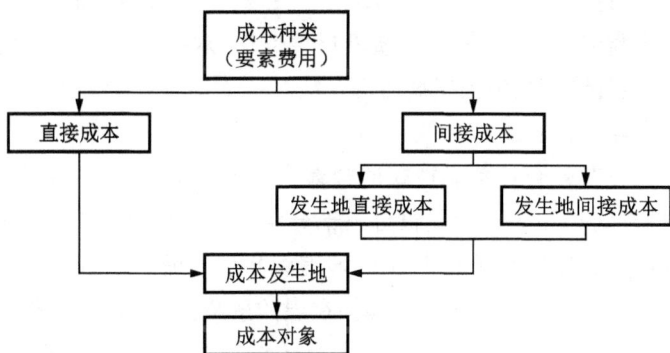

图6-2　直接成本和间接成本示意图

（5）财产清查。财产清查在德国财务会计体系中占有非常重要的地位，主要包括盘点范围、盘点时间和盘点方法等方面。从盘点范围看，包括土地、应收款项、负债、现金及其他资产等。在接管或创建企业、一个经济年度（不得超过12个月）终了或企业解散、转让时，必须进行盘点。在盘点的方法上，德国的商法和所得税法中规定了资产负债表日盘点法、近似资产负债表日盘点法、改期盘点法、永续盘点法、财产目录清单法五大类。其中前三种方法实际是盘点时间或盘点期间的规定，例如，资产负债表日盘点法是在资产负债表结束日进行盘点，近似资产负债表日盘点法是要求在资

---

① 根据任永平《中德财务会计比较研究》，大连：东北财经大学出版社，2001年版，第17页图示整理。

产负债表日前 10 天或后 10 天之内进行盘点,改期盘点法是要求在资产负债表日前 3 个月或后 2 个月内进行盘点。因此其财产清查的方法主要是永续盘存法和财产目录清单法两大类,前者与我们的理解和做法基本相同,后者又包括三种:一是根据详细记录财产变动的财产目录清单作为盘点结果,主要适用于固定资产;二是账面记录法或账面盘存法,主要适用于非事物性资产的银行存款、债权、债务等方面的清查;三是统计抽样盘点法。概括言之,固定资产采用资产负债表日盘点法、财产目录清单法,存货采用资产负债表日盘点法、近似资产负债表日盘点法、永续盘存法、改期盘点法,其他资产和负债采用账面盘存法。

7. 会计信息披露

德国对外会计信息披露的载体也是财务会计报告,由会计报表、报表附注和企业状况报告三部分组成。商法规定的会计报表只有资产负债表和损益计算表,没有编报现金流量表的要求;报表附注主要包括对资产负债表和损益表的解释,关于公司控股、被控股、参股等方面的报告,关于公司行政组织、行政人员信贷与支出的报告,以及企业经营年度平均职工人数、对评价企业财务状况有意义的其他信息的报告等;企业状况报告是关于企业经营年度的经营过程和资本公司的基本状况的报告,以及相当于我们的资产负债表日后事项的报告、资本性公司发展预测的报告、公司的分支机构等方面的报告。这些会计信息的披露是从保护中小企业的竞争力出发,采用区别对待、分层披露的原则进行的。主要内容和特点是:第一,资产负债表左方按照资产的流动性由低向高排列,右方按照自有资本、借入资本的顺序排列;损益表采用总费用式结构,即以"销售收入 ± 在制品和产成品的增减 - 原材料费用 - 人事费用 - 折旧 - 其他经营费用"等方法列示,因而外界无法得知销售成本、管理费用、经营费用等重要会计信息;允许中小企业采用简化的损益表和资产负债表,以减少会计信息细节的披露。第二,运用会计报表附注披露的不同要求,调节附注披露的信息量,即会计信息的披露数量与资本的公开性程度、企业规模的大小成正比。第三,运用对审计的不同要求,改变会计信息的可信度,即根据财务报告是否需要审计、是注册会计师审计还是审计师审计,来调整财务报告的可信度,以减少会计信息披露的作用。第四,财务报告公开的方式和时间不同,会计信息的披露程度也不同。在德国,某些小企业不要求公开财务报告;要求公开财务报告的企业,又分为两个层次:一是只在商业登记簿上公开,二是既在商业登记簿上公开又在联邦司法部公告上公开,时间上又有在9个月内公告和在12个月内公告两种。财务报告公开的范围、详细程度和速度与企业规模的大小成正比。这样,既满足了会计信息披露的要求,又保护了商业机密,保护了中小企业,有利于防止"不当竞争",避免垄断的形成。

8. 会计档案

根据德国商法第 257 条的规定,每个商人都必须按照顺序保管有关会计核算的基础资料,其主要保管内容和期限如表 6-1。[①]

表 6-1

序号	保管内容	保管期限
1	商业信函、盘点清单、起始资产负债表、年终决算表、状况报告、合并报表、合并状况表、工作底稿以及其他组织的资料	10 年
2	收到的商业信函	6 年
3	代表商业信函的记录	
4	原始凭证	

表 6-1 第一项中,除了起始资产负债表、年终决算表、合并报表外,其他资料只要是符合规定的会计原则、与有关的凭证记录一致并在保管期内可供阅读,也可以采用微缩胶片或其他数据介质

① 根据任永平《中德财务会计比较研究》,大连:东北财经大学出版社,2001 年 12 月版,第 181 页图示整理。

记录的形式保管。

除上述内容外，德国会计制度中的另一个突出特点是允许秘密准备金的存在。严格说来，秘密准备金称为"秘密公积金"更合适，因为这一概念反映了它的所有者权益性质。秘密公积金有狭义和广义之分，前者不在资产负债表上反映，主要是资产价值的低估；后者则反映于资产负债表之中，主要是负债的高估。这里的低估或高估是账面价值与公允价值比较而言。之所以存在秘密公积金，是源于商法、税法对资产和负债计价的特别规定，包括资产独特的计价基础（如产品成本最低可以采用变动成本法计价、最高可以采用完全成本法计价）、诸多计价选择权和高度的谨慎原则等。

可以说，德国会计是一种服从于法律（主要是税法、商法、公司法）要求、以债权人为主要服务对象、以公司利益为导向、极端稳健并不需要充分披露的制度安排，同法国会计制度一起构成欧洲大陆会计模式的代表。

（二）德国会计制度启示

从上述德国会计制度的简要介绍中可以看出，德国会计制度的特色主要表现在法律上的强制性、宏观上的指导性、内容上的完整性、方法上的多样性、整体上的谨慎性，以及信息披露的社会性和公正性等方面，这对我国会计制度建设无疑具有众多借鉴意义，这是由两国相近的经济制度（我国为社会主义市场经济，德国为社会市场经济）和文化背景（集体主义取向、规避风险、同情弱者等）等决定的。德国会计制度对我国的启示主要表现在：

（1）积极推进会计制度的法制化和法治化进程。从我国的会计法规体系看，包括会计法律、会计法规、会计规章三个层次，而具体规范会计核算行为的，主要是会计规章，远没有德国会计规范的层次高。但我国的会计规范体系符合我国的实际情况，应该坚持。需要指出的是，德国会计制度的法制化具有悠久的历史，会计制度的运行中已形成比较完备的法治化环境,这是与德国独特的经济制度和传统文化相适应的。我国自 1993 年以后,存在一种以会计准则取代会计制度、放松会计规则管制的观点,这是与我国的经济制度和传统文化特点相悖的。笔者认为,应该坚持、加强和推进会计制度的法制化,并尽量详细化,由此逐步做到法治化。会计规则的详细化不等于呆板化,而在于会计规则的全面化、可操作化,与会计职业判断空间的大小没有直接关系,德国的会计规范实践已充分说明了这一点,值得我们借鉴。

(2)改良会计制度的制定程序。在德国会计规范的制定程序中,包括联邦议院法律委员会采取听证会、书面方式、口头方式征求社会各方面的意见,与其同级的财政委员会和经济委员会等机构共同审议、最后由联邦议院以表决的方式进行裁决等步骤。这对于提高会计规范的公开性、公正性,以及社会接受性等,无疑是非常重要的。总体上看,在我国会计制度的制定过程中,在征求有关部门、有关单位、社会公众等方面的意见上,做得不够,即会计制度制定中的透明度、公开性不够,削弱了会计制度的公正性,降低了会计制度运行的可接受性。因此,在国家统一会计制度制定程序中,应该在草案制定者中加入国家税务机关、国家经贸委、财政部相关部门、企业界、会计理论研究和会计教育界、法学界等方面的人员,并通过报刊或网络公开征求社会各方面的意见,以增强会计制度的公开性和公平性,实现会计制度客观、有效地指导会计实务、实现高质量公共信息的功能。

(3)加强会计假设与会计原则的研究。我们知道,德国财务会计中一般不明确区分会计基本假设与会计基本原则,而是统称为"原则"。我们尽管不叫会计假设而称之为会计核算的基本前提,但实际上会计假设和会计原则都是人为的产物,想在"假设"与"原则"之间作出严格、完全令人信服的区别是非常困难的,作为会计理论研究进行这一区别是十分必要的,而作为具体指导会计实务的会计制度,德国的做法是有其道理的,值得我们考虑。其次,为了强调和保证会计信息的合法性,应该增加或恢复(我国计划经济时期就有)合法性原则;为了保持会计信息的原貌、保持审计线索,应该吸收禁止抵消原则或称轧差禁止原则或总额原则等。总之,德国会计假设与会计原则混合的会计规范方式,是值得我们研究和借鉴的。

(4)重新审视会计等式。到现在为止,现代会计的基本会计等式主要有两个:"资金运用 = 资金来源"和"资产 = 负债 + 所有者权益"。以往我们认为,"在过去高度集中的财务管理体制下,企业的产权关系很单一,资金主要由国家以有偿或无偿的形式拨付,银行信贷比重不大,商业信用也受到限制,因而企业对负债的观念不强,会计上往往只从资金来源的角度进行核算,而没有严格区分债权人权益和所有者权益的界限,这就决定了我国会计所用的会计平衡公式一直是'资金占用等于资金来源'。随着企业经营机制的转换,企业为独立的法人,筹措和使用资金具有自主权,这就决定了会计上对企业产权关系不能再笼统地从资金来源角度进行核算,而应就不同的产权分别核算……为此,会计准则改革了长期使用的'资金占用 = 资金来源'的会计平衡公式,借鉴国际惯例,采用'资产 = 负债 + 所有者权益'的会计平衡公式。"并认为,这一会计等式的转换,是我国会计制度由计划经济模式向市场经济模式转换的重要标志之一。但我们不能从德国会计等式中推论出德国是计划经济体制,德国的会计模式是来源于计划经济。可见,区分计划经济会计模式与市场经济会计模式的分水岭并不在于会计等式,更多的在于会计目标的确立以及会计信息的披露方式和披露内容等方面。

(5)优化会计记录规范。会计记录是生产会计信息的重要技术手段。德国会计记录方法中设置"期始账户"和"结束账户",虽然带来了繁琐,但使得账簿记录与会计报表形成了直接的、紧密的联系,是实现"账表相符"的一种有效技术手段,值得我们认真研究。其次,德国会计法规中允许记账方法在一定范围内的选择性,为我们制定小企业会计制度提供了有益的经验。第三,德国原始凭证与记账凭证合一的做法,对于我们会计制度中的会计凭证设计也具有非常积极的借鉴意义。

（6）优化会计信息披露规范。我们知道,德国会计法规中没有编报现金流量表的要求,报表附注中除了对资产负债表和损益表的解释外,还包括关于公司行政组织、行政人员信贷与支出的报告以及企业经营年度平均职工人数等方面的信息,并着重保护中小企业的竞争力,采用区别对待、分层披露的原则进行的。为此,首先,我国现金流量表可以只要求公司制企业编报,实践证明,非公司制企业编报此表的意义不大,并增加了会计信息的披露成本;其次,应丰富会计报表附注的披露内容,最大限度地满足会计信息使用者的需求;第三,德国将小股东和债权人作为信息不对称中的弱者,着重保护中小企业、保护小股东和债权人等理论和做法,也是值得我们认真考虑的。

（7）完善会计档案建设。从上述我们可以看出,德国会计档案管理的范围十分宽泛,包括账证表之外的一些管理文件、商业信函等,这有助于保持审计线索、保持会计资料及其相关信息的完整性,有助于完善会计档案管理,值得我们参考和采纳。

第三节　日本会计制度

（一）日本会计制度主要内容

日本是一个善于吸收外来文化、善于创新的国家。明治维新以后日本开始了建设现代国家的道路,放弃了闭关锁国政策,1890年制定的商法受到了德国的深刻影响,第二次世界大战以后又主要向美国学习,1948年,参照美国1933年的证券法和1934年的证券交易法的模式,制定了证券交易法,1949年,参照美国的会计原则制定了《企业会计原则》,加上 1947 年修订的法人税法,构成了以商法为中心、辅之以证券交易法和法人税法的"三法体制"的会计制度,但商法采用德国模式、证券交易法采用美国模式,从而其会计目标便具备了既保护债权人利益又保护投资人利益的双重特性,形成了基于法律规范的,由商法会计、证券交易会计和税法会计构成的会计制度体系,包括会计原则方面的会计制度、商法方面的会计制度、证券交易法方面的会计制度、税法方面的会计制度和会计职业方面的会计制度五个方面,[①]其中会计职业方面的规范不属于笔者探讨的范围,下面仅就其他四个方面所涉及的会计目标、会计原则、会计确认与计量、会计记录与保管、会计信息披露等有关内容作以简要介绍与评价。

1. 会计目标

日本的会计目标大致有三:一是反映企业受托责任的履行情况,二是计算企业的可分配利润,三是为投资者提供有助于决策的信息。其中第一、第二项为商法所关注并予以规范,第一、第三项为证券交易法所关注并予以规范,第二项则为税法所特别关注。无论是日本的企业界(包括股东、经营者等)还是政府、地方公共团体,都更加重视第二个目标,认为可分配利润的多少既是企业发展壮大的标志,也是国家税收确定的基础。而对于第三个目标,由于个人股东的比例较低,人们对证券市场的重要性认识不足,还没有得到应有的关注。[②] 这与日本资本结构中银行债权的比例较高有着必然的联系,在这一点上与德国十分相似,在会计目标上也偏向于德国也就不足为奇了。

2. 会计原则

日本的会计原则由大藏省所属的"企业会计审议会"制定,由

---

① 田昆儒《日本会计制度现状及中日会计模式之比较》,《国际财务与会计》,1999 年。
② 石人瑾、根本光明《中日会计审计制度比较—日本的会计与审计制度》,上海:上海立信会计出版社,1996 年,第 31-32 页。

大藏省以整套集中发布的方式颁布,这与英美的会计原则由民间机构制定、发布大不相同。1948年,日本经济安定本部设置了"企业会计制度对策调查会",作为咨询机构,该机构的成员来自注册职业会计师、企业家、证券交易所代表、学者、政府官员,主要从事财务会计原则、成本会计准则、审计准则和会计教育的研究,1953年,经济安定本部解散后,该机构移交给大藏省,改称"企业会计基准审议会",后更名为"企业会计审议会"。可见,该机构实际上是会计准则的制定机构,在会计规范上的影响日益增强。1997年,亚洲"金融风暴"后,为了加强与国际会计标准的协调,日本将大藏省分解为财务省和金融厅等单位后,将原来大藏省下属的证券局和银行局合并成金融厅,会计准则的制定权便由这一金融厅行使,经过金融厅的批准,2001年7月又设立了日本财务会计准则基金会和日本财务会计准则理事会两个民间机构,具体负责会计准则和会计实务指南的制定工作,但最后决定权仍在金融厅,由此实现了会计准则的制定由政府部门向民间机构的转移,进而转向美国模式。日本的企业会计原则包括一般原则、损益表原则、资产负债表原则和会计原则注释四个部分,具有鲜明的特色。

（1）一般原则。一般原则是其他原则的基础,包括以下七项:一是真实性原则。要求企业提供的有关财务状况和经营成果的信息必须真实,只要符合各项会计原则提供的信息,就认为是真实的。二是正规簿记原则。企业必须按照正规的记账方法,将所有交易正确的在会计账簿中登记。这里包含了全面性和重要性原则。会计原则注释1中指出,对于不重要的会计业务不必按照严格的会计处理方法处理,可以采用简便的方法按照正规的记账原则处理,如对于不重要的低值易耗品可以在购入或支付时作为费用处理,对于不重要的有关存货的交易费用、关税、采购费用、运输保管费用等可以不计入存货成本,对于重要并变动的会计政策应该在会计报表附注中予以披露,包括有价证券计价标准和计价方法、存货计价标准和计价方法、折旧方法、递延资产处理方法、外币资产和负债折算为本国货币的标准、专用基金计提标准、收入和费用的计列标准、重要的资产负债表日后事项等。三是明确区分资本交易与损益性交易原则。要求分清资本性交易和收益性交易，尤其要分清资本公积金与盈余公积金，不得相互混淆。四是明了性原则。要求企业会计必须通过财务报表向利害关系人提供必要的会计事实，使他们对企业状况作出准确的判断。在贯彻这一原则时，也必须考虑重要性。五是连续性原则。要求企业应当将所采用的会计处理原则和手续在各个会计期间连续使用，不得随意更改。这一原则是基于对同一会计事项可以有多种处理方法的选择而设立的，目的在于保证会计信息的可比性。六是谨慎性原则。要求企业财务状况可能受到不利影响时，应采用适当的会计处理加以预防，但不得进行过分的会计处理，以免破坏财务状况和经营成果的真实性。七是单一性原则。要求为了满足不同目的(向股东大会报告或为了满足信贷、纳税)的需要，必须编制不同形式的财务报表时，必须以单一、可靠的会计资料为依据，不得出于企业政策性考虑而歪曲事实。可见，这一原则是对真实性原则的补充。上述各项原则是围绕真实性原则而从不同角度作出的规范，包含实质上的原则和形式上的原则两个方面，如图 6-3。[1]

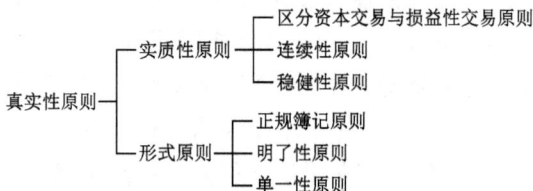

图 6-3　日本会计原则结构

① 田昆儒、昆诚一《中日会计模式比较研究》，北京：经济科学出版社，2002 年版，第109 页。

（2）损益表原则。包括以下五项：一是发生主义原则，要求按照权责发生制核算收入与费用；二是总额主义原则，对于收入和费用必须分别按照总额反映，不得将收入项目与费用项目直接抵销；三是实现主义原则，销售收入必须在实现时才能确认入账，如委托代销以受托者销售商品日作为销售收入实现日，分期收款销售原则上以商品交付日作为销售收入实现日等；四是费用与收入相对应原则，即配比原则；五是损益分步计算原则，即不允许采用单步式计算损益。其计算公式为：

销售毛利润 ＝ 销售额 － 销售成本

营业利润 ＝ 销售毛利润 － 销售费用 － 一般管理费用

经常利润 ＝ 营业利润 ＋ 营业外收入 － 营业外支出

税前净利润 ＝ 经常利润 ＋ 特别收入 － 特别损失

税后净利润 ＝ 税前净利润 － 法人税及居民税额

未分配利润 ＝ 本期净利润 ＋ 前期结转利润 － 利润分配额

其中，营业外收入包括利息收入、贴现收入、有价证券销售收益、购货折扣、不动产投资出租收入等，营业外支出包括利息支出、贴现支出、公司债券利息支出、公司债券折价摊销、公司债券发行费用摊销、销售折扣等，特别收益指前期损益调整收益、固定资产销售收益等，特别损失指前期损益调整损失、固定资产销售损失，以及自然灾害损失等内容。

（3）资产负债表原则。关于这类原则，人们的总结有所不同。有人概括为借贷对照表的记载内容和记载的准则、全额反映原则、说明事项、递延资产的计入、借贷平衡原理等五项，或归纳为资产负债表的性质、资产负债表的列示方法、资产和负债的排列方法、资产负债与资本的分类、资产负债内资产以取得成本计价等五项，还有人在此基础上增加了资产、负债、资本区分披露原则，流动性排列法和流动、固定分类原则，资产的评估原则等三项。与德、法不同的是，日本资产负债表采用流动性排列法。资产分为流动资产、固定资产、递延资产三类,负债分为流动负债和长期负债,资本分为资本金部分和盈余部分两类。此外,日本的会计审议委员会还发布了包括真实性原则、个别财务报表准则性原则、明了性原则、连续性原则等在内的合并财务报表一般原则及其注释。

3. 会计确认与计量

总体上,日本会计确认与计量采用的是历史成本原则。如存货可以采用的计价方法包括个别计价法、先进先出法、后进先出法、一次加权平均法、移动平均法毛利率法等,固定资产的折旧方法有平均法、余额递减法、级数法、产量法等。

4. 会计记录与保管

日本商法规定,企业必须设置账簿,会计账簿要明了记载如下事项。

(1)开业时和每年一次一定日期的营业上的资产及其价格,公司成立时和每期决算营业上的资产及其价格。

(2)交易和其他影响营业财产的事项。并应当根据账簿记录定期编制资产负债表并装订成册,账簿以及与营业有关的重要文书要保存 10 年。

5. 会计信息披露

日本商法规定,任何企业都必须编制资产负债表,股份公司要编报资产负债表、损益表、利润分配表或亏损处理表及其附属明细表、营业报告书等,1999 年以后无论是否编制合并报表的公司都要编制现金流量表。商法还对资产负债表的基本格式、资产负债表的分类、资产负债和资本的报表列示方式,损益表的基本格式、分类、各项收入费用的排列,营业报告的记载内容,附属明细表的种类和列示内容以及会计报表公告的方式等作出了具体的规定。证券交易法对上市公司和准备上市公司的财务报表、合并财务报表、中期财务报表等进行了比较详尽地规定,而且这些规定是具有强制性的。

除上述内容外,日本还制定了特殊行业的会计规则,包括银行财务报表、造船业财务报表、海运业财务报表、铁道业会计规则、公路运输事业会计规则、电力事业会计规则、煤气事业会计规则等,这些规则中的大部分都是由大藏省以外的政府部门制定的。

(二)日本会计制度启示

1. 兼收并蓄、取长补短是完善会计制度内容、提高会计制度有效性的重要途径

我们知道,日本是一个周边环水的岛国,且资源贫瘠,由此,一方面使得日本不得不加强对外交往,以换得必需的物质资料,另一方面也使日本形成了一种独特的具有吸收、消化"舶来品"的创造性文化,这在其会计制度中表现得淋漓尽致。如上所述,日本的商法采用德国模式,证券交易法采用美国模式,从而其会计目标便具备了既保护债权人利益又保护投资人利益的双重特性,这与日本企业股权集中、高负债的企业资本结构模式和比较发达的资本市场是相适应的。而日本集体主义的文化特征,使日本的会计规范采用了政府主导模式,并受税法的严格制约,在这一点上与德国与法国类似,但在资产负债表格式、损益表格式、会计信息披露上又倾向于美国,这与"二战"后受美国影响较大有重要关系,更重要的是其"兼收并蓄、取长补短"精神的体现,从而使得日本会计的运行一直比较平稳。任何国家的会计规范都有其一定的特殊性,这是由该国特定的会计环境所决定的,简单地照搬、模仿必然自食其果。

2. 确立会计原则的重心是保证会计信息质量的重要前提

日本将七项一般会计原则的重心定位于真实性,体现了日本对会计信息可靠性的高度重视。无论有多少项会计原则,都应该有一个重心,如英国会计原则中,会计信息注重"真实与公允",美国会计原则注重会计信息的"决策有用性",这是确定会计原则结构的基础,也是影响会计确认、计量和报告的重要因素之一。会计信息的"真实"是"可靠"的基础,更是"有用"的基础,因此重视有用性的前提是重视真实性。日本会计原则重心的确定,体现了其认真、求实的文化特点,而将"真实性"定义为"符合各项会计原则",更使之具有了直观、可操作、可评判的性质,这对于我们冷静思考争论多年的真实性问题,确定我们的会计原则重心和会计制度具体规范,是大有裨益的。

3. 加强会计档案的管理是保护会计信息安全性必要措施

日本会计规范中虽然对会计档案没有更多、更详细的规定,但从仅有的规定中我们已经看出会计档案的重要性。无论何时何地,会计档案都是存储会计信息、保护会计信息的重要手段,这在德法的会计规范中也同样可以看到,这是非常值得我们深思的,值得我们重新审视会计档案制度。

第四节　美国会计制度

(一)美国会计制度主要内容

我们知道,直到 20 世纪 20 年代,美国尚没有会计方面的法律规范,"会计只是为了加强内部经营管理和取得银行贷款。银行只要求会计提供信息,不认为会计有制度化的必要。"[①] 20 世纪 30 年代的大危机,使得美国认识到加强会计约束和监管的重要性,1933 年的《证券法》、1934 年的《证券交易法》以及依据该法建立的隶属于美国政府的证券交易委员会,对公司财务报告提出了要求,证券交易委员会依法对公司提交的资产负债表和收益表的内容、格式、项目和编制方法等作出了规定,并授权会计职业团体或民间机构制定和发布会计准则,如会计程序委员会(1938～1958 年)、会计原则委员会(1959～1973 年)和财务会计准则委员

[①] 王德升等《国际会计》,北京:中国审计出版社,1994 年,第 72 页。

会(1973年至今)。总之,美国的会计准则由民间制定,具有庞大的准则体系,已发布了140多项会计准则和大量的公告以及有关解释性文件,有的准则已细化到按照公司性质、行业分别制定,如:FASB NO. 79"对非上市企业有关企业合并披露的豁免",FASB NO. 19"石油和天然气生产企业财务会计和报告",FASB NO. 53"电影制片商和发行商的财务报告",FASB NO. 63"广播公司的财务报告"等。因此,"美国不实行统一会计制度,然而这并不是说在公司会计的记录、计量和揭示方面不存在约束和规范。"[①] 实际上,美国不实行国家统一会计制度,但不等于美国不存在会计制度。众所周知,在美国,企业内部制定有非常详细、科学、有效的管理制度,会计制度是其中最重要的内容之一。此外,美国各个行业协会根据实际需要,制定了诸多向本行业推荐的行业会计制度,如《建筑承包商会计制度》《化工、合成与印染业会计制度》《商业银行会计制度》《百货公司会计制度》《电、气、水公用事业会计制度》《餐饮业会计制度》《储贷协会会计制度》等,其主要规范的内容包括:账户设置、账簿设置、会计数据处理程序、固定资产的记录与折旧、报告制度等,其中在账户设置中都指明行业特有的账户,并具体说明其会计处理。可见,除了会计准则和企业自己制定的会计制度外,美国也存在行业会计制度,这些制度虽然不具有强制性,但已成为有关行业会计核算中自觉遵从的蓝本。

(二)美国会计制度启示

由上述可以看出,美国会计规范主要由法律(证券法、证券交易法等)、政府(证券交易委员会)监管的会计准则、行业制定的会计制度和企业制定的会计制度构成,与我国相比较,除了没有行政法规(由国务院发布)外,其他会计法规都存在着层次上的一致性,不同的是美国会计准则和行业会计制度由民间机构制定,其行业

---

① 王德升等《国际会计》,北京:中国审计出版社,1994年,第86页。

会计制度不具有强制性。许多人认为,2001年实施的新会计制度,打破了行业、所有制和企业组织形式的界限,提高了会计信息的可比性,似乎不再需要行业会计制度。实际上,无论会计规范如何变化、何时变化、向何种方向变化,行业会计核算上的特殊性是一种客观存在,这是由不同行业的生产经营特点和不同的信息披露要求所决定的。即便我们将来取消财政部发布的行业会计制度,但不可能消除行业会计核算上的差别,问题在于采用什么方式对待、体现和规范这些差异。对此,美国采用行业协会制定、推荐的形式,我国则采用财政部制定、颁布并强制实施形式,但规范的内容和初衷是一样的。今后,对于各行业企业专业性较强的会计核算,将陆续以专业会计核算办法的形式发布。由于各行业、所有制企业的会计核算区别主要体现在成本构成不同,相应的收入核算也不相同,因此,各行业、所有制企业的个性业务,将采取拟定各个专业会计核算办法来解决。表面上看,我国将不再实行行业会计制度,实际上这一制度通过专业核算办法得到了另一种形式的体现,仍然由财政部发布实施,仍属于行政规章、具有强制性,与过去行业会计制度的主要区别在于着重利润表要素的核算规范,而将资产负债表要素的核算规范交由2001年的新会计制度解决,这与过去相比是一种统、分内容的差别,或称内容的组合有所不同。因此,行业会计制度不会消亡、也不应该消亡,美国行业会计制度的存在以及我国几十年的会计制度实践,也充分证明了这一点,虽然会计制度的性质、表现形式可能有所不同。

第五节 东欧会计制度——以俄罗斯、乌克兰为例

(一)俄罗斯会计制度

1.俄罗斯会计制度主要内容

同我国一样,俄罗斯的会计改革不仅源于经济体制改革,而且

也是由国家政府机构主持完成的。前苏联解体后,俄罗斯的经济体制由计划经济转向市场经济,从 1991 年开始了会计制度改革,其会计规范分为四个层次:一是法律,包括议会、政府或总统颁布的《民法》和《会计法》;二是法规,由财政部和中央银行颁布,最重要的是 1992 年俄联邦政府批准的《俄联邦会计和报告准则》这一指导俄罗斯会计工作的纲领性、规范性文件,其中包括统一的会计科目表、会计政策等规范;三是方法性规定,包括会计准则以外的规则和一些方法性的建议,这些规定大多由财政部、各大工业部和地方政府颁布;四是组织性规定,由相关机构协助企业共同制定,包括会计岗位责任与机构设置、职责分工等内容,这有些类似于我国的企业会计机构的设置,经过管理层签发后成为企业的内部会计政策。与我国不同,"俄罗斯会计立法的宗旨是:向企业内部和外部的信息使用者提供充分可靠的会计信息,提供实施控制功能所需要的信息,防范经营风险,挖掘内部潜力,提高企业财务的稳定性"。由此"将会计信息的真实性和企业财务的稳定性放到了同一个层面,更强调发挥会计对经济活动的控制功能和风险防范功能"[1]。

2. 俄罗斯会计制度启示

不难看出,俄罗斯也具有类似于我国的会计规范体系,会计的确认、计量、记录和报告也采取政府法规的形式规范,具有强制性,并注重会计信息的真实性和企业财务的稳定性。这一方面表明了俄罗斯对会计信息真实性的基础作用的重视,表明企业财务的稳定性在俄罗斯的重要性,反映了特定经济环境对俄罗斯的影响,另一方面也是其 70 余年高度集权体制所造就的文化的反映。虽然有关俄罗斯会计制度方面的介绍较少,但从仅有的资料中我们体会到,有下列几方面值得我们思考:一是会计制度的统一性,这是

---

[1] 卜海涛《南开大学国际商学院会计系副主任周晓苏教授谈中俄会计制度比较》,《中国财经报》,2001 年。

保证会计信息质量的重要保证。会计信息是经济信息的重要组成部分，而会计信息的可靠性又有赖于会计规范的统一性，这是我国独特的会计环境所决定的。除了俄罗斯以外，许多欧洲前社会主义国家经过"东欧巨变"后，虽然都由计划经济转向市场经济，但在会计规范上却都实行了具有强制性的国家统一规范，其中有关会计制度的内容也是如此，如捷克会计规范的法律体系主要由商法和会计法构成，而会计法中明确规定，企业必须按照统一的账户（以法国的统一会计方案为蓝本）进行会计核算并据以编制会计报表，其财政部则通过财政部令的形式发布企业必须执行的有关会计计量和报告方面的规则，[①] 这也是保证会计信息真实性、可靠性的需要，是统一会计制度的一项重要任务。二是企业财务的稳定性，是会计制度的一项重要任务。俄罗斯之所以注重企业财务的稳定性，主要是出于其经济转轨过程中采用的"休克疗法"引起的经济动荡对企业财务的冲击。我国企业虽然不像俄罗斯那样面临险峻的动荡环境，但经济效率不高、经济效益不高所引起的不应有的破产、倒闭，仍然是企业财务稳定性的重要威胁，对此在建设我们的会计制度过程中，应提高对企业财务稳定性的重视。三是会计方法是会计制度的重要规范内容。在俄罗斯，除了会计准则外，财政部、各大工业部和地方政府还专门就会计方法问题颁布一些具体规定，足见其对会计方法的重视。各项会计政策的选择有赖于各种会计方法的存在，可供选择的方法越多，会计政策的选择余地就越大，加强会计方法的研究和规范无疑是各国会计制度的重要内容。四是会计制度是一套相互联系、相互支撑的有机整体。从俄罗斯会计法规规范体系中可以看出，属于会计制度范畴的也是财政部制定的有关会计科目、会计政策、会计方法的规范以及企业自身制定的会计制度。上有法律，下有企业具体制度，这也是大

---

① 常勋《国际会计》，大连：东北财经大学出版社，2001年，第78页。

陆法系国家会计制度的基本共性,是一个有机的整体,坚持这样的体系结构也是我们的明智选择。

(二)乌克兰会计制度

1.乌克兰会计制度主要内容

自2000年1月1日起,所有按照乌克兰法律建立的法人企业以及经济业务外方代表必须遵照《乌克兰会计报告法》(以下称会计法)进行会计处理和提交财务会计报告。整体上看,乌克兰的这部会计法对从原始凭证到财务会计报告的一系列会计核算行为,作出了非常具体的规定,是我们迄今为止所见到的最高层次的会计规范,其中所蕴含的会计制度内容非常丰富,现简要介绍如下。

首先,会计制度的制定主体与权限。乌克兰会计法的目的是制定统一的适用于所有企业及担保人的会计记录和财务会计报告规则,其宗旨是保护使用者利益,改善财务会计报告质量。有关会计制度的制定者和权限分为以下四个部分:一是财政部负责批准有关会计确认、计量方面的规则,主要体现在全国会计准则上,负责管理企业财务会计报告编制方法等事宜;二是国家银行按照会计法及国家会计准则规定,制定银行会计记录和财务会计报告的编制程序;三是国家预算局按照有关法规规定,制定预算单位会计记录和财务会计报告的编制等规定;四是其他中央行政机关在其职责内,针对相关行业特点,按照国家会计准则制定具体使用方法。这与我国将会计制度分为企业会计制度、金融企业会计制度、非营利组织会计制度,以及制定特殊行业会计核算办法的层次十分相似,但其制定主体却大不相同。值得注意的是,财政部下面设立了由各部委、其他中央行政机构、具有较高素质的企业的会计人员,以及乌克兰会计和审计职业组织代表组成的"会计方法理事会",作为咨询机构,主要职责包括:讨论和审议国家会计准则以及其他关于会计记录和财务会计报告编制的标准法律文件,改善乌克兰企业组织形式和会计方法,为会计及经济信息的收集和加工、最新会计方法的实施提供技术支持,为会计人员培训、后续培训和岗前培训制度的改善提供意见等。

其次,会计报告的目标。乌克兰会计报告的目标是"决策有用论",即为会计信息使用者进行决策提供有关企业财务状况、交易结果及现金流量的全面、公允和无偏向的信息。

第三,会计报告的主要原则。同德国一样,乌克兰也不区分会计假设和会计原则,而统称为会计原则,包括以下 10 项内容: ① 稳健性。要求所采用的会计估计方法应避免低估负债和费用、高估资产和收益。② 充分披露。要求财务会计报告应反映可能会影响决策的经济交易和事项的实际或可能的结果的所有信息。这有些类似于全面性原则。③ 自治性。由于将每一个企业看做独立于其所有者之外的法人主体,因此要求会计报表不能反映所有者个人财产和负债等个人信息。相当于会计主体假设。④ 一贯性。要求各年度会计政策的应用应保持一贯性,只有在国家会计准则规定的情况下才可以改变会计政策,同时应对会计政策改变加以解释,并在财务会计报告中披露。可见,这里的一贯性也就是一致性,要比通常所讲的一贯性严格得多。⑤ 持续经营。企业资产和负债的计价是建立在企业将持续经营的假设基础上的。⑥ 收入和费用的应计和配比原则。要求为了确定报告期内的财务成果,有必要将报告期内收入和为获得这些收入而发生的费用进行配比,而收入和费用应在发生时计入会计账簿和会计报表,而不一定是在支付或收到现金时。实际上这是配比性原则和权责发生制原则的体现。⑦ 实质重于形式。要求按照交易的本质而不是仅依据其法律形式进行会计核算。⑧ 历史(实际)成本。要求生产或购入资产应优先考虑采用成本计量。⑨ 单一货币计量。要求企业会计账簿和会计报表在计量和汇总交易时,应采用单一货币单位。⑩ 会计期间。为编制企业会计报表,可将企业经营活动分为若干期间。可见,在乌克兰这些会计原则中,包含着会计主体、持续经营、会计分期和货币计量四个会计核算的基本前提,以及稳健性、全面性、一致性、配比性、权责发生制、实质重于形式、实际成本等会计核算一般原则。但没有真实性、相关性、明晰性、划分收益性支出与资本性支出、重要性、及时性等原则,虽然以法律形式规范会计核算行为,但没有合法性方面的规定。

第四,会计记录。乌克兰的会计法对包括原始凭证和会计账簿在内的会计记录作出了比较详尽的规定。① 原始凭证的取得。会计法规定,原始凭证应于交易发生时编制,如果有困难,应在交易完成后立即编制。文件编制和签发者对原始凭证和会计记录的及时编录及其数据的可靠性负责。出于控制目的和为确定数据加工顺序,可以在原始凭证的基础上编制汇总会计凭证。原始凭证可以以书面形式或电算化形式汇集,必须包含要素包括:文件名称(形式)、编制日期和地点、编制单位、经济业务的实质及范围、经济业务计量单位、经济业务及其修改文件经手负责人职位、经济业务经手人签名或其他证明。② 原始凭证的使用。入账的原始凭证信息应通过在相关联账户的复式记账(相等于记账凭证),系统记入总账与明细账中。外币交易也应按结算和支付外币的不同,分别记账。每月明细账与总账记录应保持相符。③ 会计账簿。会计账簿应设有名称、交易登记期间、以及参与编制者名字、签名或其他证明。经济业务应于其发生的会计期间记入会计账簿。④ 会计记录的利用。如果企业以电算化形式编制和存储原始凭证和账簿,应经济业务其他参与方的要求,或执法机构、授权政府机构在法律允许的职责范围内的要求,企业应提供书面形式的原始凭证和账簿。⑤ 会计档案的保管。企业应采取所有必要的措施以防止擅自修改或对原始文件和会计记录进行改动的行为,并确保原始凭证和会计记录在指定期间内的妥善保存。⑥ 会计档案的借阅。原始凭证和会计记录只有在有关机构在法律授权的范围内作出要求,才能从企业调出。企业管理者有权力在调出文件方在场的情况下对所调出文件进行备份。法律要求必须按顺序编制一份调出文件清单。此外,为了确保财务会计报告数据的可靠性,企业应每年对资产和负债进行盘点(盘点范围及时间由企业所有者决定,法律有强制要求时除外),检查其可用性、状态、计量与估价,并及时、如实进行会计记录。

第五,会计报告。① 会计报告的内容。会计法规定,企业应根据会计记录编制财务会计报告,并由管理者及企业一名会计人员签字。乌克兰的会计报告根据企业规模分为两类:一类是一般企业(不包括预算单位、外资企业代表处及按照现行法律规定认可的小企业)的财务会计报告,包括资产负债表、收益表、现金流量表、权益表及报表附注;另一类是,小企业及外商企业代表处可以编制简化形式的只包括资产负债表和收益表的财务会计报告。与会计制度的制定主体相适应,企业(除银行业)财务会计报告格式及填写程序由乌克兰财政部与乌克兰国家统计委员会协商一致后颁布,银行业财务会计报告格式及填写程序由乌克兰国家银行与乌克兰国家统计委员会协商一致后颁布,乌克兰国库部负责制定预算单位、乌克兰国库所属各级预算执行机构和成本评估机构的财务会计报告格式及填列程序。另外,拥有子公司的企业除个别会计报表外,还要求编制和列报合并会计报表,各部委及其他中央行政机构,应在个别报表外,对由国有资产建立的企业,或由地方政府财产建立但由其管理的企业另行编制并递交其管辖范围内所有企业的合并会计报表。以上所述机构同时还应单独编制由国家或地方政府参股企业的合并会计报表,企业集团应编制并提交包括自身报告在内的所有合并企业的合并会计报表。② 会计报告的期间。乌克兰的财务会计报告期间分为三种:正常经营企业为公历年度,中期报告的编制应按季累积汇总,开始日应为资产负债表及收益表报告年度的开始日,企业资产负债表应于每一季度(每年)最后一天结束时编制;新建企业的第一个报告期间可能短于12 个月,但不超过 15 个月;清算企业的报告期间应为报告年度年初至清算时。③ 会计报告的列报。这里分为一般企业、上市公司与金融业、清算企业和小企业四种情况:一般企业应向其所属主管部门、工会(如其有要求)、设立人(所有者)、其他行政管理部门和使用者按法定文件要求提供季度和年度会计报告;公开发行股票公司、发行债券企业、银行、信托公司、货币及股票交易所、投资基金、投资公司、信用合作社、非国有养老基金、保险公司及其他金融机构等企业,应在每年 6 月 1 日前以期刊或单独出版物形式公开披露其上一季度或年度财务会计报告;清算企业应在完成与清算有关的交易后,清算委员会应编制清算资产负债表在 45 天之内公布;法律允许对收益和费用进行简化会计核算的小企业,可以按法定程序提供简化的会计处理和报告。

2. 乌克兰会计制度启示

从乌克兰的会计法中所定义的资产、负债、经济利益、会计政策、财务会计报告等基本概念和上述内容看,乌克兰的会计规则与国际会计准则是一致的,但同时也表现出许多特色,其中有以下几方面值得我们借鉴和思考。

一是会计制度制定主体的多元化。乌克兰会计制度的制定主体包括财政部、国家银行、预算局,以及其他中央机关,由此形成了不同系列的会计制度规范,这一方面有助于分清职责、提高会计制度的供给和运行效率,另一方面也有利于调动各方面的积极性,均衡各方的经济利益,增强会计制度规范与实际需求的符合度,而作为行政规章,其法律效力是一样的。我国的会计制度统一由财政部亲自制定,虽然是落实部门职责的需要,但无疑有碍于效率。单项作业的效率必然低于复合作业的效率,并提高了作业的风险。

二是会计制度实施的预审制。乌克兰的"会计方法理事会",尽管是咨询机构,但在保证会计规则的合法性、有效性、效率性及合理性等方面发挥了非常积极的作用,从其成员的构成上更能够看出其广泛的代表性,从其隶属于财政部上看出其权威性,这一机构的设置有助于降低会计制度风险。对此非常值得我们借鉴。

三是会计制度框架的法律化。从乌克兰的会计法中我们了解到,从会计原则、会计凭证、会计账簿,直至会计报告,都有非常明确的规定,使之具有了法律高度的规范。而"企业会计工作应从企业登记之日起开始,直至清算"的规定,使整个企业生命周期内的会计规范都纳入了法律的范畴,这是我们目前所见到的任何国家的会计规范所没有的,足见其会计法含盖范围的广泛性和对会计信息质量的重视程度,这也是我们应该从中吸取的有益经验,特别是在我国会计信息可靠性受到严重威胁的今天更为重要,也是提高我国会计法律地位和社会地位的需要。

四是会计报告内容的多元化(种类、期间)。乌克兰会计报告的内容由于企业规模和性质不同而有所不同,报告期间也因为正常企业、新建企业和清算企业有所差异,会计信息披露方式也区分一般企业、上市公司与金融业、清算企业和小企业而灵活多样,显示了不同会计信息需求者对会计信息的不同需求,体现了"量体裁衣""有的放矢"的会计信息服务理念。我国虽然也有会计信息分别报告的规定,但仍显得过于粗略,在完整性、逻辑性、层次性等方面存在不足。

由上可见,各国会计法规中都或多或少存在类似我们会计制度的内容,只是在法规规范的层次上、内容上有所不同。同时我们发现,任何国家的会计规范都有其独特之处以适应其特有的会计环境,另一方面又存在大部分的相同或相似之处,既具有各自的特色又保持了总体上的协调,这对于全面、客观和深入地研究我国会计制度的建设理论,推进和完善我国的会计制度建设,具有非常重要的参考价值。

第七章　我国高校会计制度弊端及政策建议

第一节　我国高等学校会计制度的弊端

（一）我国高等学校会计制度发展历程

第一阶段，从中华人民共和国成立～1978年，即在计划经济体制期间，高校98％的经费来源于政府拨款，以统收统支方式规范高校会计核算工作。

第二阶段，1978～1997年，随着经济体制改革、教育体制改革的深入发展，从1985年开始探索多渠道筹集高校经费的投资体制与机制。从1989年起，高校执行《事业行政单位会计制度》（试行）。这个制度对会计核算基础进行了规范，规定事业单位一般采用收付实现制。会计核算基础是决定一个会计核算主体各个年度收支情况及财务状况真实性的重要方面。虽然这项制度对会计核算基础作出了规定，但这样的规定缺乏规范性和明确性。1995年颁布的《教育法》第43条规定，国家建立以财政拨款为主、其他多种渠道筹措教育经费为辅的体制，逐步增加对教育的投入，保证国家举办的学校教育经费的稳定来源。

第三阶段，1998～2008年，这是高校改革发展最快的十年。1998年1月1日颁布执行的《高等学校会计制度试行》，不仅推动了高校会计制度的改革发展，而且推动了高校办学目标、办学规模、经济活动的发展。

第四阶段，2008年至今，在此期间发布了《高等学校会计制度》征求意见稿。目的是调整现行高校会计制度的弊端，更好地反映高校会计信息。

（二）我国高等学校会计制度的弊端

现行的《高等学校会计制度》颁布后，高校的内外环境都发生了巨大变化，暴露出现行高校会计制度存在的弊端。

下面我们结合某高校的会计信息，分析目前高校会计制度存在的弊端。

2010 年某高校的基本情况：

（1）该高校在校学生万人，收费标准为每年每生学费元，住宿费元。平均欠缴率为 10%。

（2）该校下设一校办工厂，生产机器配件。

（3）该校截止年底，分三次共借入银行借款万元，全部用于新校区建设，新校区目前无完工验收工程。详细信息如表 7-1、表 7-2。

表 7-1

项目	借入时间	到期时间	年利率	金额（万元）	还款方式
1	2009 年 7 月 1 日	2012 年 6 月 30 日	5.80%	3 000	到期一次还本付息
2	2010 年 1 月 1 日	2015 年 12 月 31 日	6.00%	4 000	
3	2010 年 7 月 1 日	2012 年 6 月 30 日	5.60%	2 000	

（4）固定资产信息，见表 7-2。

表 7-2　固定资产信息表　　　　　　　　（万元）

已购买年限	固定资产总值	其中：房屋建筑物	仪器科研设备	
			金额	比例
5 年以内	5 300		3 000	50%
5～10 年	3 200		1 800	30%
10 年以上	16 500	13 000	1 200	20%
合计	25 000	13 000	6 000	100%

1. 会计核算基础存在的弊端

现行的《高等学校会计制度》第一部分第五条规定"高等学校的会计核算一般采用收付实现制"。所谓的收付实现制是以现金的实收实付为确认收入和支出的依据来核算收入和支出,不考虑该收支所对应的经济业务实质是否实际发生,也不进行收入支出配比。

执行《高等学校会计制度》的高校通常是公立高校,过去其主要收入来源于政府拨款,事业支出内容简单,收支规模也比较稳定,采用收付实现制既便于操作又能满足当时管理需要。随着高校自我约束、自我发展,高校资金来源也已经从过去的单一依赖财政全额拨款变为财政差额拨款、学费、金融贷款、捐赠收入等多种资金来源,其支出范围也在逐渐扩大。高校如仍以收付实现制作为会计核算基础,将无法真实反映会计信息。具体表现为:① 收入和支出不配比。作为学校学费、住宿费等的收取是按照学年进行,于每年的秋季开学收取,该高校 2010 年秋季开学应该收取学费 5 000 万元,住宿费 600 万元,共计 5 600 万元。扣除欠缴实际可以收取 5 040 万元。这笔收入的受益期应该是跨越自然年度的一个学年,即 2010 年 9 月至 2011 年 8 月。但按照收付实现制,5 040 万元于 2010 年确认收入,而与之对应的支出则只有 2010 年 9~12 月的,明显不符合收支配比原则。如此一来,会造成年度净资产不实。② 隐性资产的存在,造成资产信息不实。上已述及,在收付实现制下,高校收入以实际收到的时间作为登记入账的时间,高校年秋季开学应收学住费 5 600 万元,实收 5 040 万元,按照实收金额 5 040 万元确认收入入账,而对于欠缴的 560 万元,账面中并没有反映。但这笔债权其实也应该构成高校的资产。如果不加以反映,学校不仅不能很好地利用这部分资产,还可能造成财务管理上的漏洞,而且影响到资产总额的准确性。③ 隐性负债的存在,导致负债信息不实。在收付实现制下,支出是在实际发生的当期进行确认,并不按照配比原则进行费用的预提。仍以该高校为例,随着高校扩招,基建规模扩大,该校的贷款金额不断加大,至 2010 年底,银行贷款总额已经达到 9 000 万元,因为付款方式是到期一次还本付息,在 2012 年之前不涉及利息实际支付,因此,不仅 2010年当年应承担的利息费用为 470 万元没有入账,2009 年应承担的利息费用 87 万元也不在账面反映,甚至 2011 年还应该承担的 526万元仍不会形成 2011 年的会计信息。2009~2011 年三年应付未付的利息共计 1 083 万元,实在不是个小数。虽未实际支付,但实际已经形成了高校的债务,如果账面不能如实反映,就会造成负债虚减,不仅不利于资金的管理,而且还可能诱导债权人对该高校的错误评价,引起借款额度过大,从而加大高校财务风险。

2. 会计核算主体多元化存在的弊端

现行的《高等学校会计制度》第一部分第二条规定:"独立核算的高等学校校办企业的会计核算执行《企业会计准则》和同行业或者相近行业企业的会计制度。国家对高等学校的基本建设投资的会计核算,按照国家有关规定办理。"第一部分第五条规定:"高等学校会计核算一般采用收付实现制,但经营性收支业务的核算采用权责发生制。"也就是说,像上述高校这种情况,其会计主体分为至少三个:一个是教育事业会计主体,采用收付实现制为核算基础;一个是校办产业会计主体,采用权责发生制为核算基础;一个是基建会计主体,遵循《基本建设会计制度》。每个会计主体都只反映出高校会计信息的一部分,在会计信息报送时并不要求编制合并报表,教育事业报表中不反应未完工基建金额,造成教育事业报表资产总额缺失,这与大会计主体的理念相违背。特别是近年来,随着高等教育从精英化转向大众化,学校扩招严重,随之扩建校园等基建业务所占的比重越来越大,基建会计信息不能在高校对外报表中统一反映,由此产生的弊端越来越突出,这为信息使用者正确评价高等学校发展能力带来巨大障碍。如前所述,高校会计主体包括事业会计主体、校办工厂会计主体和基建会计主体,分别报送各自的报表,无法反映高校全貌。

3. 会计信息缺乏可靠性、相关性

会计信息质量最后重要的特征就是可靠性和相关性。所谓的可靠性是指会计信息的报送者应当以实际发生的交易或者事项为依据进行确认、计量、记录和报告,如实反映符合确认和计量要求的会计要素及其他相关信息,保证会计信息真实可靠、内容完整。会计信息要有用,必须以可靠为基础,否则会对使用者的决策产生误导甚至带来损失。所谓的相关性则是要求会计信息应当与财务报告使用者的经济决策相关,有助于报表使用者对信息提供者的过去、现在和未来作出评价或者预测。会计信息是否有用,是否具有价值,关键看其与使用者的决策需要是否相关,是否有助于决策或者提高决策水平。随着高校办学环境的变化,现行《高等学校会计制度》下的会计信息已经无法遵循可靠性和相关性原则。在实际工作中,会计信息的可靠性和相关性是通过会计核算和会计报表体系共同实现的,下面就从会计核算和会计报表体系两方面分别阐述现行高校会计制度对会计信息可靠性和相关性的不利影响。

(1)现行高校会计核算存在严重缺陷

① 固定资产核算问题。现行的《高等学校会计制度》规定,固定资产在购置和建造交付时一次性借记固定资产科目,同时贷记固定基金科目,除特殊情况外不得任意变动其价值。固定资产在其使用年限内不计提折旧,待固定资产报废时借记固定基金科目,同时贷记固定资产科目。

但是随着时间推移,固定资产会发生实体性贬值、功能性贬值和经济性贬值,如果固定资产不计提折旧,不进行减值准备提取,则固定资产只能以历史价值在账面中反映,从而造成固定资产历史成本与实际价值的差异越来越大,最终导致按照历史成本反映的现行资产债表中的资产总额虚增,同时净资产也不能代表学校的净资产存量的真实情况。如此以来,会计信息严重失真,甚至对报表使用者产生误导。就某高校而言,其固定资产 2.5 亿元(其中房屋建筑物 1.3 亿元,教学仪器科研设备 6 000 万元),从总量上分析该校具备一定的规模,生均教学仪器科研设备价值 5 000 元,完全符合 2004 年教育部颁布的《普通高等学校基本办学条件指标试行》的 4 000～5 000 元的要求。但进一步分析教学仪器科研设备的购买时间,有 20% 的购买时间超过 10 年,30% 的超过 5 年,只有 50% 的属于近五年内购置。如果从磨损的角度考虑,某高校的教学仪器科研设备价值会大打折扣,真正的均价值可能就达不到要求,无法保障学生培养的基本需求。

另外,从教育成本角度看,固定资产支出应该属于资本性支出,其收益期涉及当期及以后多期,该资本性支出应在相应的受益期间内分别反映,但现行的《高等学校会计制度》规定,固定资产不计提折旧,不进行价值摊销,因此,每年某高校的支出中并没有考虑折旧金额。在此规定下,2010 年某高校收入略大于支出,结余 500 万元。但固定资产的磨损是不可避免的,按照平均 3% 折旧率估计,某高校 2010 年折旧额约为 750 万元,其中教学科研业务承担的折旧费 150 万元。如果考虑了折旧费用后,高校支出会增加 750 万元,其中教学成本增加 180 万元,由此产生的结果是 2010 年某高校会从结余 500 万元转为不足 250 万元,需要用以前年度的结余弥补才能保持收支平衡。因此,固定资产不计提折旧不仅导致资产不实,同时也导致高校教育成本不实。

再次,会计制度应对类型相同的要素采用相同的处理原则。固定资产与无形资产相比,二者都属于资本性支出,其核算方法应该基本一致,但现行的高校会计制度对二者的规定并不相同。高校会计制度规定固定资产不计提折旧,不遵循“划分收益性支出和资本性支出”的原则,而对于无形资产却规定“各种无形资产应视实际情况合理摊销。摊销无形资产时,借记有关支出科目,贷记无形资产科目",明显体现出"划分收益性支出和资本性支出"的原则。

②无形资产核算问题。随着校企合作、强化社会服务的开展,高校利用自身科研力量自行开发专利权、专有技术等等,这些自创无形资产在高等学校资产总值中所占的比例也越来越大,促成了高等学校越来越重视无形资产的管理。某高校开展技术服务过程中经常要研发一些技术技巧,但该校并没有将其作为专有技术确认计量,或作为无形资产向对方提出出售事宜,其研发过程中的支出全部计入当期费用。究其原因,是由于现行高校会计制度只对购买、捐赠、投资取得的无形资产的确认、计量作出规定,对于自创无形资产如何确认、计量没有规定,会计人员无从下手。其次,现行高校会计制度虽然提出无形资产应该根据实际情况合理摊销,但何谓"合理"摊销年限,如何确定目前的制度规定,现行会计制度给予各高校的操作空间过大,即便是同一种无形资产,由于会计人员主观判断不一致,也可能造成其在不同的高校摊销的情况并不一致,在一定程度上会导致会计信息的不可比。

③基建会计核算问题。基建会计核算没有列入现行的《高等学校会计制度》规范范围,报表中无法列示在建固定资产价值,造成高校资产不实。

在现行的《高等学校会计制度》中,基建业务的核算是独立于高校教育事业核算之外,例如某高校,年度决算时不仅要报送反映该校教育事业收支的报表,还要报送反映该校基本建设情况的报表。这种核算体制一方面加大了财会人员的工作量,增加了会计工作成本,同时导致高校报送的任何一套报表都无法反映全貌。特别是将数额几千万元的在建工程信息游离于事业报表之外,自然造成了资产偏低、财务信息不可靠。另一方面,这种核算体制很可能造成固定资产不能及时入账。某高校自筹集到第一笔借款,新校区的建设就开始了,到 2010 年底已经历时一年半的时间,新校区的工程中肯定存在满足竣工交付条件的部分工程,但由于种种原因未能办理完验收交接手续,导致固定资产虽已经完工,但因没有办理验收交接手续而不能及时入账,无法在高校会计信息中得以反映。

④ 专用基金中的部分内容作为净资产不够合理。现行高校会计制度将专用基金列为净资产的一部分,下分为修购基金、职工福利基金、学生奖贷基金、勤工助学基金、住房基金和留本基金六项。其中修购基金、学生奖贷基金、勤工助学基金是按照事业收入和营业收入的一定比例提取,福利基金则是按照事业结余和经营结余的一定比例提取。首先,它们提取的方法和依据不够科学合理,如修购基金的大小只与收入多少有关,而不考虑固定资产实际需求情况;其次,提取的专用基金直接在当期相关支出中列支,造成当期列支的金额并非固定资产修购实际发生金额,不仅导致会计信息不准确,同时还"合法"地分散、留置财政资金,削弱了财政资金的运用效率,也影响到财政部门的宏观调控;最后,专用基金中的修购基金、职工福利基金、学生奖贷基金、勤工俭学基金等,属于应付未付的性质,在今后是要支付出去的,因此本身存在明显的负债性,将其列为净资产核算,并不合适。

⑤ 教育成本核算缺失。成本是经济活动主体在进行有目的的活动中耗费的本金或付出的代价。教育成本是为使受教育者接受教育而耗费的资源价值。教育成本分为广义和狭义两种。广义的教育成本包括三个方面:一是学校为培养一定数量和层次的学生所耗费的应该由学校承担的教育资源价值,即狭义的高校教育成本,也称为高校的教育成本或办学成本;二是学生在接受高等教育过程中发生的应由个人负担的维持生活需要所支付的食宿等生活消费以及书本等学习消费,即个人成本;三是学校公共资源用于教育而损失的收益以及受教育者由于将时间用于求学而放弃就业所

损失的就业收入,即机会成本。其中个人成本和机会成本因人而异,而狭义的高校教育成本属于会计成本,可以通过会计核算体系分析计算。这部分成本也是高校和外界最为注重的成本。

实际上,高校教育成本一直以来备受关注,它不仅是政府及教育行政主管部门考核评价、有效实行宏观调控的重要依据,也是高校自身优化资源、提高效益、增强核心竞争力的重要手段。2005年,国家发改委出台的《高等学校教育培养成本监审办法试行》,就已经将高校教育成本纳入政府监管范畴。但《高等学校教育培养成本监审办法试行》中的"成本"准确地说是一种统计成本,而不是会计成本,不够准确、完整。但现行的《高等学校会计制度》实行收付实现制,并不进行会计成本核算,有关教育成本支出类会计科目的设置,以某高校为例,只设置了"教育事业支出""科研事业支出"两个一级科目。"教育事业支出"下设"基本支出"和"项目支出"两个明细科目。"基本支出"下又设"工资福利支出""商品及劳务支出"(下设办公费、差旅费、劳务费、物业费、水电费等明细)和"对个人和家庭补助支出"三个三级科目。"科研事业支出"下设"商品及劳务支出"(下设差旅费、培训费、劳务费等三级明细)和"对个人及家庭补助支出"两个二级明细科目。虽然对教育事业支出和科研事业支出进行了非常详尽地反映,但和教育成本的计算口径并不一致,比如教育事业支出的基本支出中包含着物业费、全院使用的水电暖费用,行政部门的管理费用,这些费用不可能全部构成教育成本。另外,科研事业支出到底有哪些可以归为教育成本,并没有规范。这些会计数据的剔除、调整工作都需要会计人员的职业判断能力,由于会计人员能力高低的影响,不同会计人员计算出来的结果可能不同。因此利用现有的会计科目所提供的信息,无法计算出科学合理的高校教育的会计成本,从而造成高校教育成本信息的缺失或不可靠。

（2）会计报表体系不够科学合理

随着高校发展，现行报表体系无论从报表种类、指标构成，还是报送程序上都存在一定缺陷。

① 报表种类设计的缺陷。现行的《高等学校会计制度》规定："高校会计报表包括资产负债表、收入支出表、附表及收支说明书等。"近来高校报表体系也在不断改革，如某高校按照河北省要求，需要报送的 2010 年度会计报表共 8 张主表、9 张附表、3 张补充资料表，具体构成见表 7-3。

表 7-3

编号	报表名称	作用
财决 01 表	收入支出决算总表	反映本年总收入、总支出和本年收支结余
财决 02 表	收入支出决算表	
财决 03 表	收入决算表	反映本年总收入组成内容
财决 04 表	支出决算表	反映总支出的组成内容
财决 05 表	支出决算明细表	反映支出明细
财决 05-1 表	基本支出决算明细表	反映基本支出明细
财决 05-2 表	项目支出决算明细表	反映项目支出明细
财决 06 表	项目收入支出决算表	项目收入支出情况
财决 07 表	财政性资金收入支出决算表	反映财政性资金收支情况
财决 07-1 表	一般预算财政拨款收入支出决算表	反映财政拨款收支情况
财决 07-2 表	政府性基金预算财政拨款收入支出决算表	反映政府基金收支、结余情况
财决 07-2 表	预算外资金收入支出决算表	反映预算外资金收支、结余情况
财决 08 表	资产负债简表	反映高校财务状况
财决附 01 表	财政性资金国库集中支付预算执行情况表	反映国库集中支付下可使用指标、已使用指标和结余指标
财决附 02 表	事业单位事业基金增减变动情况表	反映事业基金上年结余、本年增加、减少和年末结余数

续表

编号	报表名称	作用
财决附 03 表	事业单位专用基金增减变动情况表	反映专用基金上年结余、本年增加、减少和年末结余数
财决附 04 表	资产情况表	反映各类资产的年初、年末价值以及固定资产、无形资产的数量变化
财决附 05 表	固定资产收益情况表	反映固定资产有偿使用、处置收益情况

从表 7-3 设置可以看出，一是报表附表及补充资料不够详细，虽然反映了国库集中支付情况、资产情况、净资产变动情况，以及机构人员结构、债权、债务构成信息和其他收入构成信息，但诸如审计的结果、小金库检查结果等等重要信息都未作披露。二是资产负债表是反映会计主体在会计期间内的财务状况，据此提供的信息可以分析高校的偿债能力、资本结构等信息，而且在企业会计准则中也将其列为三大报表之一，足见资产负债表的重要地位。但在现行报表体系中资产负债表却被编为简表，在整个报表体系中处于从属地位。三是高校会计报表体系反映的是教学、科研方面的财务状况，有关校办产业、基建投资等情况并没有在学校报表中予以披露。这显然不利于反映高校财务状况的全貌，尤其是不利于掌握高校整体负债情况，不仅不利于综合评价高校总体发展情况，而且还可能给高校带来管理上的不便，从而导致财务风险的升级。四是缺乏反映现金流量的报表。高校会计信息的用途之一就是提供决策层决策所需信息。一般而言，决策层往往缺乏财务知识，因此，他们需要简单明了的会计信息，如报告期累计现金流入量、现金流出量和结余量，以及计划年度末预计的现金流入、流出量和结余量等。前三个指标完全可以通过会计信息生成，直观地提供给决策层使用，但目前高校会计报表中没有这类信息。

② 报表指标设计的缺陷。借鉴《国际则一务报告准则》中适用于公共部门的规定和《企业会计准则第 30 号——财务报告列报》的解释，所谓资产负债表是反映某一会计主体在会计期期末的财务状况，应该是一个静态的报表，而且应该按照重要性原则设计报表指标。

首先，现行高校会计制度提供的资产负债表样表包括资产、负债、净资产、收入、支出五类要素的会计信息，其编制基础是"资广 + 支出 = 负债 + 净资产收入"，造成了动态指标和静态指标混在一起，时期指标和时点指标相互交织，而且该表的反映收支项目的时期指标与收支情况表的指标重复列报。在实际操作中，某高校所在的河北省资产负债表已经取消了收入和支出类指标，只反映静态要素的信息，但并没有从法律层面上予以规范。其次，随着高校扩招，高校借款金额不断上升，按照重要性原则，该信息应在资产负债表中明确披露，但现行高校会计制度下的资产负债表只是将高校借入款项不分长短期全部计入"借入款项"指标，一方面不利于借款的管理，可能给高校带来财务风险，另一方面，目前高校对基本建设的核算仍执行与教育事业支出两条线的方法，单独实行一套核算体系。大部分高校的借款资金不转作自筹基建经费，而作为基建借款处理，分别在高校报表和基建报表中同时反映，容易造成资产合计数虚增。再次，报表数量不少，但重复的项目较多。报表体系中共 8 张主表，其中 7 张主表都是用来反映高校年度收支情况，如财政拨款在 1、2、3、5、7 表中都有反映；再如项目支出情况也同时反映在财决附 4、5、6、7 表中；还有同样是人员结构，在财决附 6、7 表和补充资料中都存在重复列报现象，这些重复信息的填报浪费了高校的人力、财力、物力，而且使得报表的明晰性下降。

③ 报送程序上的缺陷。现行的《高等学校会计制度》规定，高校会计报表只向财政部门和上级单位报送，不对外公开，这是依据当时高校资金主要来源于财政拨款的情况制定。目前高校办学

目标和办学条件变化,高校资金来源除了财政拨款外,还包括学费收入、向银行等金融机构贷款或融资租赁、接受捐赠、接受投资等,这使得高校财务关系多样化,不仅财政部门、税务部门、审计部门要阅读高校财务报表,了解高校财务运行状况,而且金融机构债权人、捐赠者、投资者,甚至是学生家长等都需要阅读高校的财务报表,从不同的角度分析评价高校的运行状况。但这些新增的报表需求者无法从公开的渠道获取所需的高校会计信息,造成信息不对称,很可能导致高校与某些发展机会失之交臂,也不利于高校间的公平竞争。

第二节　《高等学校会计制度》的若干改革探讨

《高等学校会计制度》的改革已经提上了日程,2009 年 8 月财政部出台了《高等学校会计制度》征求意见稿第一稿,历时一年后,于 2010 年 9 月财政部又出台了《高等学校会计制度》征求意见稿第二稿,每稿对前稿都作出了符合现行高校发展状况和利于操作执行的改进。下面就《高等学校会计制度》征求意见稿第一稿与现行的《高等学校会计制度》之间,以及两个征求意见稿之间的变化分析如下。

(一)《高等学校会计制度》征求意见稿第一稿与现行《高等学校会计制度》的比较

《高等学校会计制度》征求意见稿第一稿相比较现行的《高等学校会计制度》而言,主要有三方面的变化:一是会计核算基础由修正的权责发生制代替收付实现制;二是会计主体统一化;三是会计信息质量有所提高。

1. 会计核算基础由收付实现制改为修正的权责发生制

目前从高校会计改革的理论研究来看,所有涉及高校或非营利组织会计改革的文献几乎全部认同"权责发生制"取代"收付实现制"的改革思路,从实践来看,以美国为代表的西方国家在高校会计实践中也广泛使用权责发生制,在我国《民间非营利组织会计制度》中确立了权责发生制的地位。因此,这也是高校会计基础改革的必然,同时,也将有利于我国高校会计核算与国际会计惯例接轨。

收付实现制和权责发生制是会计核算基础的两种极端方式,在此两者之间,根据实行权责发生制范围和程度不同,还存在着修正的收付实现制和修正的权责发生制两种方式。对全部的金融资产和部分负债项目实行权责发生制属于修正的收付实现制,在此基础上,对部分实物资产和无形资产也采取权责发生制,是修正的权责发生制。

我国《高等学校会计制度》征求意见稿采用的是修正的权责发生制,即原则上采用权责发生制,对某些特定业务,如政府拨款、捐赠收入和奖励支出、赞助支出等仍采用收付实现制为核算基础。通过这次改革,高校的许多经济业务的核算基础逐步与国际接轨。修正的权责发生制可以较为准确地反映高校的资产状况、负债状况、偿债能力、债务风险,以及项目运行成本等。

2. 会计核算主体统一化

《高等学校会计制度》征求意见稿重新设置核算内容、设置核算科目,将高校作为一个大会计主体,所有业务纳入"大账"统一核算,统一反映在会计报表体系中,统一对外报送。避免了现行的《高等学校会计制度》对经营业务与教育业务采用不同的会计核算基础、基建业务遵循《基建会计制度》所造成的高校会计主体多元化的弊端。

3. 会计信息质量有所提高

会计核算内容的变化以及会计报表体系的完善,使得按照《高等学校会计制度》征求意见稿第一稿提供的会计信息将会比现行的《高等学校会计制度》提供的会计信息更加真实可靠和相关。

（1）会计核算方面的变化。会计核算方面的变化主要是通过会计科目的重新设置，以及会计科目核算内容的重新调整加以体现。与现行的《高等学校会计制度》相比，征求意见稿一稿中会计科目进行适当增删及修改，遵循的基本原则是保留适合实际的会计核算科目、调整不完全适合实际的会计核算科目、取消不适合实际的会计核算科目、增设原制度中没有但实际已经使用或新增实际需要的会计核算科目。具体变化情况见表7-4。

表7-4 现行《高等学校会计制度》与《高等学校会计制度》征求意见稿一稿科目对比表

会计要素	变化类别	现行会计科目		征求意见稿第一稿会计科目	
		科目代码	科目名称	科目代码	科目名称
资产类	保留科目	101	现金	1001	库存现金
		102	银行存款	1002	银行存款
		110	应收票据	1101	应收票据
		120	材料	1201	存款
		150	无形资产	1501	无形资产
	调整科目	111	应返还国库集中支付额度（实务中已经使用）	1012	财政应返还额度
		112 115	应收及暂付款 借出款	1102 1103 1104	应收账款 预付账款 其他应收款
		131 132 108	对校办产业投资 其他对外投资 有价证券	1301 1302	长期股权投资 长期债权投资
		140	固定资产	1401 1403	固定资产 文物文化资产
	新增科目			1101	零余额账户用款额度
				1402	累计折旧
				1406	在建工程

续表

会计要素	变化类别	现行会计科目		征求意见稿第一稿会计科目	
		科目代码	科目名称	科目代码	科目名称
资产类	新增科目			1407	基建工程
				1409	固定资产清理
				1502	累计摊销
				1601	待处理财产损溢
负债类	保留科目	221	应缴财政专户款	2101	应交非税收入
		222	应交税金	2202	应缴税费
		211	应付票据	2203	应付票据
		230	代管经费	2401	代管经费
	调整科目	201	借入款项	2001 2301 2302	短期借款 长期借款 长期应付款
		212	应付及暂存款	2204 2205 2206	应付账款 预收账款 其他应付款
		218	应付工资	2201	应付职工薪酬(实务中已经使用)
		219	应付地方(部门)津贴补贴		
		220	应付其他个人收入		
净资产类	保留科目	301	事业基金	3001	累计盈余
		320	专用基金	3002	专用基金
		32001	住房基金	300201	住房基金
		32002	留本基金	300202	留本基金
		341	事业结余	3003	本期盈余
	取消科目	310	固定基金		
		351	经营结余		
		352	结余分配		

续表

会计要素	变化类别	现行会计科目		征求意见稿第一稿会计科目	
		科目代码	科目名称	科目代码	科目名称
净资产类	取消科目	320	专用基金		
		32003	修购基金		
收入类	保留科目	421	上级补助收入	4101	上级补助收入
		431	教育事业收入	4201	财政返还教育收入
		432	科研事业收入	4301	科研业务收入
	调整科目	411	教育经费拨款	4001	财政拨款
		413	科研经费拨款		
		415	其他经费拨款		
		451	经营收入	4302	其他业务收入
		461	附属单位缴款	4303	后勤收入
		471	其他收入	4301	其他收入
	新增科目			4002	基建拨款
				4005	财政调剂收入
费用类（现支出类）	保留科目	521	教学支出	5001	教学支出
		522	科研支出	5002	科研支出
		523	业务辅助支出	5003	其他业务支出
		524	后勤支出	5004	后勤支出
		525	行政管理支出	5005	行政支出
	取消科目	511	拨出经费		
		526	学生事务支出		
		527	离退休人员保障支出		
		551	经营支出		
		561	上缴上级支出		

续表

会计要素	变化类别	现行会计科目		征求意见稿第一稿会计科目	
		科目代码	科目名称	科目代码	科目名称
费用类（现支出类）	取消科目	571	对附属单位补助		
		581	结转自筹基建		
	新增科目			5006	资产折耗
				5007	财务费用
				5008	其他费用
				6001	以前年度盈余调整

从表 7-4 中我们可知，《高等学校会计制度》征求意见稿第一稿会计科目有如下主要变化。

第一，新增了与国库集中支付、政府收支分类、部门预算、工资津补贴、国有资产管理等公共财政改革相关的会计核算科目随着财政资金拨付方式实行国库集中支付，2007 年 1 月 1 日起全面实施政府收支分类改革，以及部门预算、工资津补贴、国有资产管理等公共财政改革相关内容，会计核算增设了改革相关的科目。与财政国库集中支付制度呼应，增设了"零余额账户用款额度""财政应返还额度"科目（实际已经使用），对财政授权的转账业务一律通过零余额账户办理，实现对高校预算资金最终付款的控制，保证高校预算资金在实际支付时方才流出国库单一账户（其相关科目的勾稽关系如图 7-1）；与政府收支分类改革配套，在收入、费用、本期结余、累计结余科目中，按照基本支出和项目支出、按照功能和经济支出分类逐级设置明细科目与工资津贴规范配套，增加了"应付职工薪酬"实际已经使用，并通过其二级明细科目，单独归集应付高校教职工的工资、津贴补贴和其他收入等与国有资产产权管理制度相配套，将对外投资、校办产业投资、其他对外投资调整为"长期股权投资"和"长期债权投资"，投资、支付和收回不再同时对事业基金内部结构即一般基金和投资基金进行调整。

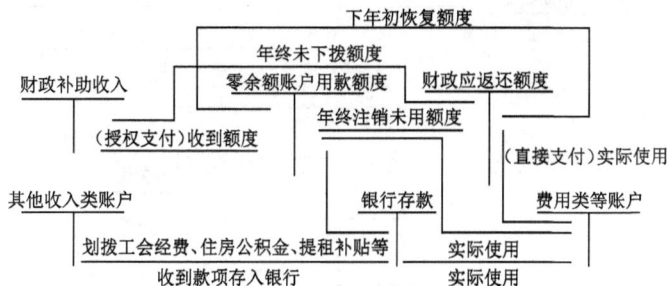

图 7-1　国库集中支付核算科目勾稽关系图

第二,调整了固定资产和无形资产核算科目。为了真实反映资产价值、合理确定教育成本,《高等学校会计制度》征求意见稿第一稿要求划分资本支出和费用支出,对固定资产计提折旧、对无形资产分期摊销,增设了"累计折旧""累计摊销""资产折耗""待处理财产损益""固定资产清理"等科目,取消了"修购基金"和"固定基金"科目。固定资产(除文物文化物资外)按月计提折旧,无形资产按月计提摊销,在预计使用寿命内(即受益期内)系统地分摊其成本,从而合理确定教育成本。固定资产折旧、无形资产摊销后,资产负债表中的"固定资产净值"和"无形资产"指标可以反映出固定资产和无形资产的真实价值,从而使固定资产、无形资产更加符合资产确认标准,与《企业会计准则》的资产负债观一致,也使得资产的价值管理和数量管理相结合,提高财务报表的可靠性,为报表使用者提供真实的资产状况。调整后,固定资产、无形资产等相关核算科目勾稽关系如图7-2与图7-3所示。

第三,为了增强会计信息的完整性,要求将基建会计纳入"大账",增设基建业务核算科目。为了增加会计信息的完整性,《高等学校会计制度》征求意见稿第一稿将基建会计纳入"大账",增加了在建工程和基建工程两个科目,分别反映非基建项目和基建项

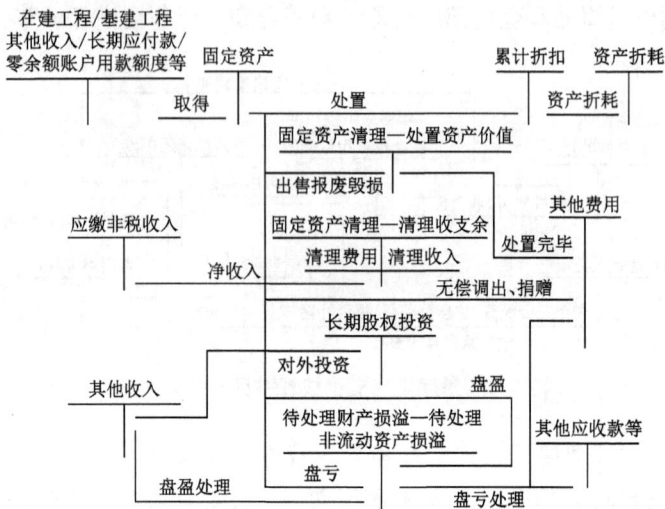

图 7-2   固定资产核算科目勾稽关系图

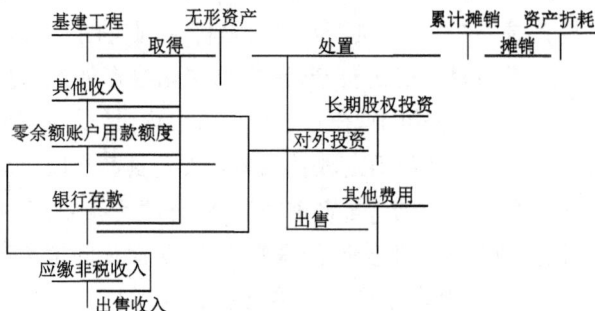

图 7-3   无形资产核算科目勾稽关系图

目投资,基建工程下设一级明细科目"建筑安装工程投资""设备投资""待摊投资""其他投资"等,切合了基建项目核算的实际需要,实现了基建帐和事业帐的顺利对接。将基建会计纳入核算体系后,会计报表能够更加真实、全面地反映高等学校的资产、负债和收支等整体经济活动。调整后,科目之间的勾稽关系如图 7-4

与图7-5所示。

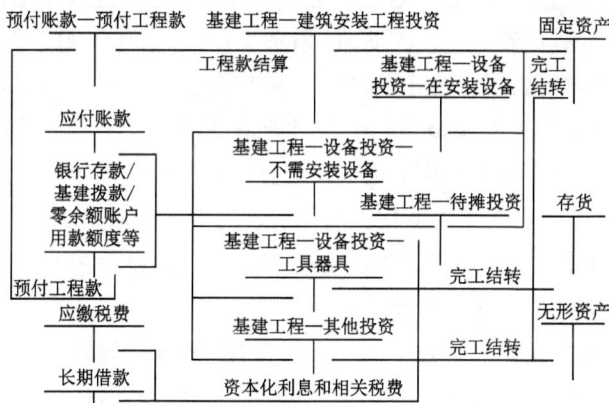

图7-4 基建工程核算科目勾稽关系图

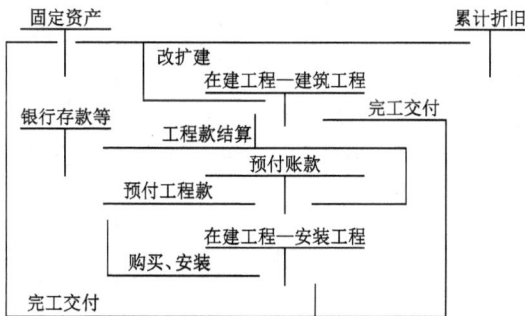

图7-5 在建工程核算科目勾稽关系图

第四,调整收入支出类会计科目,更好地反映了高校真实的收支情况。《高等学校会计制度》征求意见稿第一稿中收入类科目新增了基建拨款、财政调剂收入、其他业务收入、后勤收入科目。基建拨款科目原在基建会计中核算,其他业务收入科目包括现行制度下其他收入科目核算的投资收益、固定资产出租收入、未纳入收支两条线管理的培训收入、合作办学收入和附属单位缴款科目核算的附属单位上缴款等非主要业务收入;其他收入包括捐赠收入、资产盘盈利得、确实无法支付的应付款项等。征求意见稿一稿中费用类科目新增了资产折耗、财务费用、以前年度盈余调整,明确了教学支出、科研支出、行政支出、后勤支出等科目内容。新增设了"以前年度盈余调整"科目,主要在调整历史数据时使用。此科目的启用克服了以往历史数据调整一概在事业基金中核算的弊病,避免了因历年因素变化影响而引起的数据变动,确保能更客观反映财务信息,有利于数据的分析和使用。调整后的收入支出科目的勾稽关系如图7-6所示。

征求意见稿一稿还引入了配比原则,将收支确认及计量相互对应,更好地反映高校收支状况,科学核算高校教育成本。

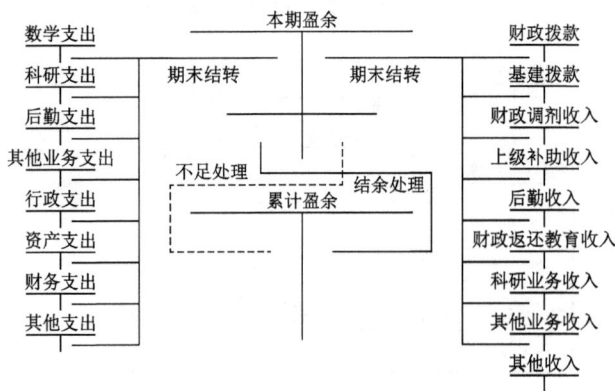

图7-6 收入费用的结转和结余科目勾稽关系图

第五,要求平行设置财务会计科目与预算会计科目,既提供绩效评价需要的权责发生制的财务信息,也能提供预算管理需要的预算收支信息。权责发生制下财务会计科目的设置,能够提供绩效评价需要的财务会计信息,为报表使用者提供真实、完整的信息。同时设置与财务会计科目平行的执行收付实现制下的预算会计科目,要求核算能提供预算管理需要的预算收支信息,将进一步密切核算预算的关系。预算更加科学合理,核算才能更好地执行预算。

（2）会计报表体系变化。《高等学校会计制度》征求意见稿第一稿完善了高校财务报表体系,改进了报表格式、重新设计了表中指标构成。新的高校财务报表体系提供的信息更全面、更真实。具体变化见表7-5。

表7-5　会计报表体系对比表

项目	现行制度	征求意见稿第一稿
资产负债表（月、年报）	编制基础:资产＋支出＝负债＋净资产＋收入 指标:动态指标＋静态指标	编制基础:资产＝负债＋净资产 指标:静态指标
收入支出表（月、年报）	按现行制度科目设计	根据收入费用科目重新调整
支出明细表（年报）	按现行制度科目设计	根据费用科目重新调整
预算收支表（年报）		新增
基建投资表（年报）		新增
附注（年报）		新增

①资产负债表编制基础更加科学合理。《高等学校会计制度》征求意见稿第一稿借鉴企业财务报告的设计原则,参照国际通用做法,归纳总结了实务工作中的做法,取消现行制度资产负债表中所包含的收入、支出类动态要素的指标,采用与企业趋于一致的编制基础"资产＝负债＋净资产"。更好地体现了高校的财务状况,也更便于报表使用者阅读理解。②各报表项目根据新修订的会计科目重新编排。资产负债表中增设了固定资产折旧指标反映固定资产磨损情况,固定资产净值较为客观地反映了固定资产的真实价值;增设在建工程、基建工程等反映基建业务的指标,使得高

校资产总额更好地反映完整的财务状况,将长期投资和借入款项等分类表示,为报表使用者更加合理地评价高校发展能力和偿债能力提供便利。收入费用表则根据调整后的收入、费用科目进行相应调整,清晰准确地提供教育成本信息。③增设了基建投资表、财务报表附注,将预算收支表由附表提升为主表。

(二)第二稿相比较第一稿的改革

《高等学校会计制度》征求意见稿的第一稿和第二稿就会计核算基础和会计主体方面保持一致,但会计科目及其核算内容又进一步进行调整,更好地满足了高校会计信息的可靠性和相关性。

1.科目变化

征求意见稿第二稿与第一稿相比较,科目又进行了适当调整,从而更加科学合理。具体变化见表7-7。

表7-7　现行《高等学校会计制度》(征求意见稿)一稿与二稿科目对比表

会计要素	变化类别	二稿		一稿	
		科目代码	科目名称	科目代码	科目名称
资产类	保留科目	1001	库存现金	1001	库存现金
		1002	银行存款	1002	银行存款
		1011	零余额账户用款额度	1011	零余额账户用款额度
		1101	财政应返还额度	1012	财政应返还额度
		1111	应收票据	1101	应收票据
		1112	应收账款	1102	应收账款
		1113	预付账款	1103	预付账款
		1115	其他应收款	1104	其他应收款
		1201	存款	1201	存款
		1402	累计折旧	1402	累计折旧

续表

会计要素	变化类别	二稿		一稿	
		科目代码	科目名称	科目代码	科目名称
资产类	保留科目	1411	基建工程	1407	基建折旧
		141101	建筑安装工程投资	140701	建筑安装工程投资
		141102	设备投资	140702	设备投资
		141103	待摊投资	140703	待摊投资
		141104	其他投资	140704	其他投资
		1412	在建工程	1406	在建工程
		141202	设备安装	140602	设备安装
		1421	固定资产清理	1409	固定资产清理
		1501	无形资产	1501	无形资产
		1502	累计摊销	1502	累计摊销
	调整科目	1701	待处理财产损溢	1601	待处理财产损溢
		1412	在建工程	1406	在建工程
		141201	修缮工程	140601	建筑工程
		1301	长期投资	1301	长期股权投资
				1302	长期债权投资
		1401	固定资产	1401	固定资产
				1402	文物文化资产
	新增科目	1601	长期待摊费用		
		1412	在建工程		
		1411	基建工程		
		141105	预付工程款		
		141106	待核销基建支出		
		141107	基建转出投资		

续表

会计要素	变化类别	二稿		一稿	
		科目代码	科目名称	科目代码	科目名称
负债类	保留科目	2001	短期借款	2001	短期借款
		2101	应缴财政款	2101	应交非税收入
		2102	应缴税费	2202	应缴税费
		2201	应付职工薪酬	2201	应付职工薪酬
		2202	应付票据	2203	应付票据
		2203	应付账款	2204	应付账款
		2204	预收账款	2205	预收账款
		2206	其他应付款	2206	其他应付款
		2301	长期借款	2301	长期借款
		2302	长期应付款	2302	长期应付款
		2401	代管经费	2401	代管经费
	新增科目	2103	应缴社会保障费		
	保留科目	3201	本期收入费用结转	3003	本期盈余
		3301	以前年度调整	6001	以前年度盈余调整
	取消科目			3001	累计盈余
				3002	专用基金
	新增科目	3001	长期资产占用		
		3101	限定性净资产		
		310101	财政拨款结转和结余		
		310102	其他项目结存		

从表 7-7 我们不难看出，《高等学校会计制度》征求意见稿两稿之间会计科目调整的重点在于净资产、收入、费用三类科目。

① 净资产类科目调整。取消征求意见稿一稿中的"本期盈余""累积盈余",换成二稿的"长期资产占用""限制性资产占用"和"非限制性资产占用"三部分。将一稿中的"专用基金"一级科目变更为"限制性资产占用"科目的明细科目。这种做法在一定程度上借鉴了美国的基金制,按照用途对净资产进行分类,便于对不同来源的资金进行考核。

② 收入类科目调整。收入类的"基建拨款"作为一级科目不太合适,因为基建拨款属于财政拨款的一种类型,与"财政补助收入"不应同属一级,二稿中将其同"财政调剂收入""上级补助收入"一并作为"其他则政补助"科目的明细核算内容。一稿中的"其他业务收入""后勤收入"和"其他收入"核算内容界限不是十分明确,而且将投资收益放在其他业务收入科目核算并不妥帖,因此二稿重新整合了这三个科目的核算内容,在遵循重要性原则的基础上,将捐赠收入单独反映在"捐赠收入"科目,其他核算内容全部并入"其他收入"核算。

③ 费用类科目调整。首先取消了一稿中的"资产折耗"科目,将其核算内容分散到其他各费用科目核算。因为这部分金额在提取时贷方计入"累计折旧"科目或"累计摊销"科目,已经能够反映出资本性支出在使用过程中的资产折耗金额,无需再单设"资产折耗"科目重复归集,只需要借鉴《企业会计准则》有关成本核算的做法,直接将资产折耗价值借记有关费用账户,便于完整归集某一部门的成本总额。其次,重新整合了一稿中的"教学支出""其他业务支出""后勤支出""行政支出"科目内容,借鉴企业做法,同时为了便于实务操作和报表使用者的使用,设立了二稿中的"教育费用""管理费用"和"离退休保障费用"三个科目。"教育费用"核算内容是高校开展教学活动及其辅助活动发生的各项费用,通过该科目核算的数据直接反映高校教育成本信息。"管理费用"核算高校为组织和管理业务活动所发生的各项费用,该科目

核算的数据从成本概念的角度分析,不应该计入教育成本,因此单独反映,作为期间费用处理。"离退休保障费用"科目核算高校统一负担的离退休人员社会保障和福利待遇方面的各类费用。我国目前正进入老龄化社会,离退休人员的社会保障一直是社会重点关注问题。因此,对于这部分不计入教育成本,同时又和高校组织管理业务活动没有直接关系的费用,单独设置"离退休保障费用"科目核算,使这部分信息一目了然。通过调整后,收入费用类科目结转结余勾稽关系如图 7-7 所示。

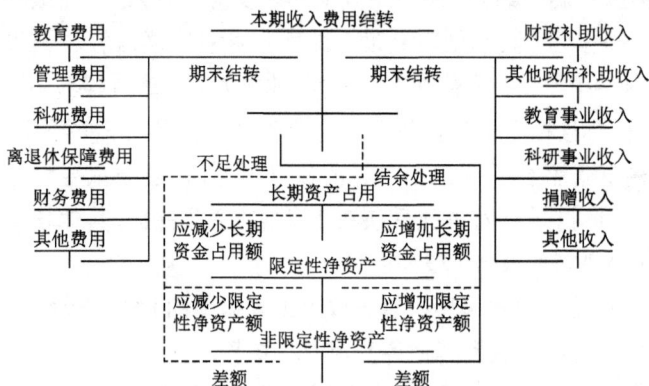

图 7-7　收入费用的结转和结余科目勾稽关系图

④ 其他科目变化。第一,取消预算会计科目的平行设置。平行设计财务会计科目和预算会计科目不能达到预算管理的目的,应该将预算分配、预算调整科目制度化,并将其纳入高校会计科目核算体系。这样可分析预算与决算的差别,如果全部按照实际发生数作预算记录,没有太大实际意义。第二,修订了"基建工程""在建工程"科目的明细设置。高校的基建业务首次被纳入高校大账核算,这部分业务内容相对繁琐,在征求意见稿一稿中,"在建工程"科目下设"建筑工程""设备安装"两个一级明细科目,"基

建工程"科目下设"建筑安装工程投资""设备投资""待摊投资"
"其他投资"四个一级明细科目。所设置的这些明细科目并不能
完全准确地反映出基建业务全过程。因此,在征求意见稿二稿中,
对其明细科目的设置更加丰富和准确,在"在建工程"下增设"预
付工程款"一级明细科目,将"建筑工程"一级明细科目改为"修
缮工程"一级明细科目,在"基建工程"下增设"预付工程款""待
核销基建支出""基建转出投资"三个一级明细科目,以此完整而
准确地反映基建业务的全貌。

2. 入账价值的调整

（1）接受捐赠、无偿调入的文物文化资产入账价值调整。在
一稿中,"接受捐赠、无偿调入的文物文化资产,按名义金额（即人
民币1元）入账",不能真实反映该部分资产的价值,从而会导致高
校资产虚减,造成会计信息的不可靠。因此在二稿中将其改为"其
成本比照同类或类似资产的市场价格或有关凭据注明的金额加上
相关税费确定"。

（2）固定资产的确认价值标准调整。在征求意见稿一稿中固
定资产是指"高校拥有的预计使用年限超过年、单位价值在规定
价值以上、在使用过程中基本保持原有物质形态的有形资产"。该
规定虽然对固定资产的单位价值提出"在规定的价值以上"的原
则,但缺乏具体标准,与《事业单位会计准则》征求意见稿的规定
也不一致。如此一来,各高校可能根据自己的特点来设定固定资
产,从而造成各高校之间固定资产会计信息不具有可比性。为保
持与《事业单位会计准则》相一致,同时保障会计信息的横向可
比,在征求意见稿二稿中明确规定:"固定资产是指高校拥有的预
计使用年限超过一年（不含一年）、单位价值在2 000元以上、在使
用过程中基本保持原有物质形态的有形资产。"同时为了在"固定
资产"科目反映完整的固定资产原值,将一稿中单列的"文物文化
资产"并入"固定资产"科目进行核算。

3. 会计报告体系变化

《高等学校会计制度》征求意见稿第二稿与第一稿相比,会计报告体系更加完整,信息更加全面,较为充分地满足了报表使用者对信息的需求。

表7-6　征求意见稿二稿会计报告体系比较表

项目	第二稿与第一稿比较
资产负债表(月、年报)	基本一致,调整了部分指标
收入支出表(月、年报)	按照收入费用类科目调整
现金流量表	新增
预算收支表(年报)	没有变化
基建投资表(年报)	
附注(年报)	

(1)资产负债表中新增"一年内到期的长期债权投资""一年内到期的长期负债"指标,更真实反映流动资产和流动负债的信息,增设"累计摊销""无形资产净值""长期待摊费用"指标,全面反映长期资产的构成和总额,增设"应缴社会保障费",单独反映高校为职工所负担的社会保障费用,监督高校履行职工保障制度的情况,确保职工切身利益不受损害。在长期借款下增设"基建借款"指标,与基建投资表相呼应,更好地反映长期借款的构成情况,调整净资产指标,由原来的"累计盈余""专用基金"调整为"长期资产占用""限定性资产""非限定性资产"等指标,更好地体现了净资产的持久性和用途。

(2)收入费用表指标将根据新调整的收入、费用类科目重新调整。

(3)新增现金流量表。《高等学校会计制度》征求意见稿第二稿借鉴企业会计准则和国际惯例,增设反映高校现金流量的报表。该表类似于企业会计中的现金流量表主表的构成,将高校会计活动分为三大类,即业务活动、投资活动、筹资活动,每类中分别列示现金流入量、现金流出量和现金流量净额。如果涉及外币业务的,还要单列汇率变动对现金的影响额,最后将以上四部分合计,计算出现金净增加额。现行的《高等学校会计制度》采用收付实现制,其报表中列示的收入、支出为实际收到和支出的金额,所以无需编制现金流量表。征求意见稿以修正的权责发生制取代收付实现制,从实收实付转变成应收应付制,所以就需要关注高校现金流量的信息,利用在修正的权责发生制下提供的会计信息调整为按照收付实现制编制的现金流量,更加清晰地反映出高校实际支付能力,提高债权的管理,降低高校财务风险。

第三节 《高等学校会计制度》征求意见稿中仍存在的问题

1. 固定资产的折旧年限和分类没有统一标准

2006 年财政部发布了《事业单位国有资产管理暂行办法》。该办法提出对国有资产管理实行资产管理和预算管理相结合、实物管理和价值管理相结合的原则。而且,在部门预算编制过程中,已逐步推行固定资产预算安排的前置审核。因此,为满足财政、行业和单位等多层次管理需要,各单位固定资产的核算和信息披露必须具备可比性。在《高等学学校会计制度》中,对于固定资产使用年限只是规定了"在其预计使用寿命内,一般采用平均年限法提取折旧"。但并未对固定资产的分类方式、折旧年限进行统一规范,各高校固定资产的清查、核算、统计工作存在过大的操作空间,提供的固定资产信息缺乏横向可比性,从而导致高校教育成本计量的不准确和不可比。

目前,固定资产分类有不同的版本:国家标准 GB\T14885《固定资产分类与代码》将固定资产分为十类,并主要适用于任何机构（企业、事业单位、社会团体、行政机关、军队及各管理部门等）的固定资产管理、清查、登记、统计等工作；现行的《事业单位会计准则》将固定资产分为六类，财政部2010年《政府收支分类科目》中，经济支出分类中的资本性支出，将固定资产分为8类。由于固定资产种类、规格繁多，如果不进行统一规范，各高校会根据不同的管理需要制定不同的分类标准，从而造成信息的横向不可比。

对固定资产的折旧年限，征求意见稿中并没有明确规定。而目前对于固定资产折旧年限同样存在不同的规定。《高等学校教育成本监审办法（试行）》规定，设备按分类设置折旧率（专用设备按8年、一般设备按5年、其他设备按10年折旧），各年房屋建筑物应提取折旧统一按照当年房屋建筑物固定资产总值的2%（50年折旧期）确定。《中华人民共和国企业所得税法实施条例》规定，房屋建筑物折旧的最低年限为20年，飞机、轮船、机器、机械和其他生产设备为10年，与生产经营活动有关的器具、工具、家具等为5年，飞机、火车、轮船以外的运输工具为4年，电子一设备为3年。如果折旧年限标准混乱，必然无法合理计量高校资产价值，不仅资产信息不可比，同时也使得教育成本的计算大打折扣。

2. 对学费、住宿费等非财政拨款收入采用收付实现制，不利于全面反映财务信息

学费、住宿费目前仍然是高校资金的重要来源之一。加强对其收缴管理，是财务部门的一项重要职能。但是，目前以收付实现制为核算基础提供的会计信息，只能反映出实际收缴的金额，对于欠缴的金额在账面上和报表中均无法显示。这种情况非常不利于收费催缴工作的安排，同时造成高校资产和负债的信息不实，不利于外界报表使用者对学校综合能力的分析评价。

3. 代管经费明细账设置不够合理

代管费用科目核算是高等学校接受委托代为管理的各项款项，包括党费、团费、学生会会费等。按照《高等学校会计制度》征

求意见稿的规定,该科目按照代管经费项目进行明细核算。收到代管款项时,借记"银行存款"等科目,贷记"代管经费"科目;实际支出时,借记"代管经费"科目,贷记"银行存款"等科目。但代管经费的委托人需要随时了解代管收入和代管支出的总情况,按照征求意见稿的规定,只有月末结账时才能提供本月发生的代管收入和代管支出合计信息,因此不符合会计信息的相关性要求。

4. 成本明细账设置过于繁琐

为了满足成本分析的要求,征求意见稿二稿将教育科研事业费用分解成教育费用、科研费用、管理费用、其他费用等,各科目下按业务类别设置一级明细科目,在一级明细科目下按照"财政拨款支出""费财政拨款支出"和"资产折耗"设置三级明细,再按照"基本支出"和"项目支出"分设三级明细,再按照政府收支分类科目,支出分类科目项级科目与支出经济分类科目款级科目再设下层明细账核算。结果是平行科目设置过多,直接影响到录入工作的效率和准确率。实际操作不仅繁琐,劳动成本高,而且要求会计人员的素质必须达到一定的水平。

5. 会计报表体系的不足

(1)资产负债表的净资产项目不完整。因为高校的收入、费用采用的是表结法,只有在年度终了时才会实际结转,并将其收支相抵后的余额转入事业结余,反映在净资产项目中。而平时编制收入费用月报表时,只是取数于各收入费用类科目的发生额,并通过收入费用表计算出本期的盈余,在账面上并没有增减净资产总额。如果资产负债表的净资产下不设置本期盈余项目,就可能造成资产负债表月报表中"资产"不等于"负债净资产",造成资产负债表的不平衡。

(2)缺乏报表公开披露制度及外审制度。由于历史上我国高校资金主要来源于政府拨款,因此,高校会计报表只向财政部门和上级单位报送,满足政府部门和上级单位对财务报表所反映信息的需求。随着高校财务关系的复杂化,高校财务信息需求者日趋多元化,报表公开披露制度的执行迫在眉睫。但是《高等学校会计制度》征求意见稿并没有引入公开披露制度和外审制度。这不能满足会计信息需求者从公开渠道取得高校会计信息的需求,同时缺乏外部审计制度对高校会计的监督,不利于高校会计核算管理。

6. 会计核算无法全面反映预算执行情况

按照预算会计定义,高校预算会计应当核算、监督高校预算执行情况,提供预算执行过程各个阶段的信息,以监控预算执行过程。预算执行过程具体包括四个环节,如图 7-8 所示。

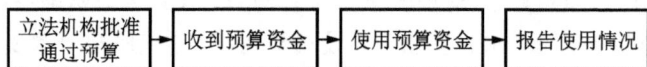

立法机构批准通过预算 → 收到预算资金 → 使用预算资金 → 报告使用情况

图 7-8　高校预算执行环节

从图 7-8 可以看出,高校预算执行应该从立法机构批准预算开始,而非从收到预算资金开始。目前无论是现行的《高等学校会计制度》还是征求意见稿,都只将高校收到预算资金为起点,对于前期预算批准及主管部门拨付资金都没有体现出来。对于外界报表使用者也只能获得实际取得的预算资金数额,并不能了解高校究竟可以得到多少预算资金。从而对高校资金来源情况不能得到全面的了解。

7. 资产计量模式单一,不能够真实反映资产价值

传统的会计计量属性主要是历史成本,而在企业会计准则中已经提出多种计量属性并用的会计计量模式,实现了与国际会计准则的实质性趋同。企业会计准则中规定的计量属性包括历史成本、公允价值、重置成本、可变现净值、未来现金流入量现值等。以某高等学校为例,固定资产中占较大比例的房屋建筑物,由于其市场价格变化剧烈,可能增值很大,如果用历史成本对其进行计价,

报表信息不够真实。对于高校的社会投资者和债权人甚至政府等利益相关者而言,这样的信息没有任何参考价值。

第四节　政策建议

(一)建议财政部尽快出台配套的会计准则或制度

建议财政部尽快出台新的《事业单位会计准则》、新的《高等学校财务制度》和《高等教育成本核算办法》,以保障新的《高等学校会计制度》顺利颁布。同时出台新的《高等学校会计制度细则》,对新的《高等学校会计制度》的顺利实施提供法律法规层面的依据,确保各高校会计核算统一化,确保各高校间会计信息具有可比性。

(二)建议对学费、住宿费核算增设"应收学住费"科目

学费、住宿费的核算采用收付实现制,就会导致账面上高校未收学住费债权的缺失。因此,建议增设"应收学住费"科目,专门核算学住费缴欠及减免的信息,全面反映高校学生收费情况,为高校整体管理和安排资金提供更加全面、及时、准确的会计信息。该科目借方反映应收、未收的学住费,贷方反映实际收到的学住费,余额在借方,反映尚未收取的学住费。该科目下可以分设"应收学费"和"应收住宿费"两个一级明细科目进行明细核算。各高校可以根据期末余额情况调整本校的收费方式,催缴手段,尽快解决学住费拖欠问题,保证学校资金来源。在实际操作时,可以参考如下步骤。

(1)新学年伊始,收费会计要根据教务处提供的学生注册信息,在收费系统中作好学费、住宿费等应收数据初始化工作,并汇总打印应收数据,连同教务处提供的资料一并交给记账会计复核记账。

借:应收学住费

贷:应缴财政款

（2）收费会计利用非税收入网上缴费系统打印收据,出纳实际收款。

借:应缴财政款

贷:应收学住费

（3）按照国家减免政策,减免学住费时,要根据减免政策复印件以及学生处主管领导签字的减免学费清单进行账务处理。

借:教育费用

贷:收学住费

（4）每月末,教务处要安排专人负责收费系统与财务系统数据核对,对账资料由有关经办人员签字确认后存档。这样不仅可以加强对收费的内部控制,避免人为舞弊现象,同样也使得会计报表反映的财务状况更接近真实情况。

（5）编制内部收费月报表,收费月报表指标主要包括期初应收未收学住费、本期实际收取学住费、本期按照国家减免政策减免学住费、期末应收未收学住费。通过收费月报表将收费信息及时反馈给各有关领导和相关部门,有利于有关部门安排下一步催缴工作。

(三)建议借助电算化设置成本科目明细账

费用类账户平行设置明细账的任务完全可以借助会计电算化,通过财务系统的项目功能实现提供会计信息的效果。以某高校财务系统为例,该校项目编码采用三个字段和五个字符的方式,具体操作如下:第一步,利用第一个字段和字符按照部门职能将各部门设置为项目大类,如1教学部门,2行政部门等;第二步,在每大类下利用第二个字段和第二到第三个字符设置具体职能部门,如在1教学部门下设01人文社科系,02经济管理系等;第三步,利用第三个字段和第四到第五字符按照政府收支分类科目设置项目用途,如 01 代表办公经费,02 代表业务经费等。如此以来,10101 代表教学部门中的人文社科系的办公经费。在编制报表和进行财务分析时,利用项目查询系统导出所需数据即可。

(四)建议进一步提高会计信息质量

为保证会计信息质量的提升,建议采用以下措施。

(1)在资产负债表净资产下增加"本期收入费用结转"项目,该项目取数于收入费用表月报表的本期收入费用结转项目,保证资产负债表平衡关系的成立。

(2)建立公开披露制度和外审制度。2010 年 4 月 6 日教育部发布的《高等学校信息公开办法》第七条规定:"高等学校应当主动公开以下信息……第八款'收费的项目、依据、标准与投诉方式',第九款'财务、资产与财务管理制度,学校经费来源、年度经费预算决算方案,财政性资金、受捐赠财产的使用与管理情况,仪器设备、图书、药品等物资设备采购和重大基建工程的招投标。'"也就是说,《高等学校信息公开办法》中已经涉及财务信息的公开问题,虽然其公开的会计信息从内容和形式上存在一定局限性,但已经意识到高校会计信息应该引进公开披露制度。借鉴企业财务报告报送方式,以及美国等国家的公开披露制度,我国高校会计报告也应该建立公开披露制度,以更好地反映受托责任的完成情况,满足各相关利益群体对会计信息的需求。另外,高校会计报告不仅要求通过内部审计审核,同时,为了公平、公正,也应该引入外审制度,委托无利益关系的第三方会计事务所进行年度审计,并将外审报告一并对外公开披露,提高高校会计信息的透明度,从而尽量避免会计舞弊行为的发生。

(五)建议细化固定资产分类及使用年限

为了保证固定资产分类和使用年限的统一化,提高各高校间会计信息的可比性,更好地配合公共财政改革,确保固定资产核算、管理和绩效评价采用统一标准,笔者认为,应选用财政部 2010年《政府收支分类科目》中,经济支出分类中的资本性支出,将固定资产分为八类。对固定资产的折旧年限建议采用《高等学校教育培养成本监审办法(试行)》中的规定,以此规范各高校固定资产会计核算标准,确保会计信息的可比性。

(六)建议引入多种计量属性,增加资产的真实性

所谓的公允价值,新《企业会计准则》中的定义是:"在公平交易中,熟悉情况的交易双方自愿进行资产交换或债务清偿的金额。"国际会计准则给出的定义是:"公允价值是指熟悉情况并自愿的双方,在公平交易的基础上进行资产交换或债务结算的金额。如果金融工具在活跃和流动的市场上交易,其标明的市价需经实际交易发生的交易费用调整提供了公允价值的最好依据。"两个定义大体一致,都认为公允价值最大的特点是来自于公平交易的市场,参与市场交易理性双方充分考虑了市场信息后所达成的共识,这种共识后的市场交易价格即为公允价值。在企业会计准则中,公允价值计量主要体现在金融工具、投资性房地产、债务重组、资产减值、租赁和套期保值等方面,其中金融工具、投资性房地产、套期保值三大领域公允价值的应用尤为明显。高校会计业务虽然没有企业的复杂,但基于会计的决策相关性和有用性,建议在历史成本计量属性的基础上,引入公允价值计量属性,暂时在存货、固定资产、无形资产范围内试用,以便合理计量资产的减值,保证会计信息相关、可靠。

(七)建议"代管经费"科目下设"代管收入""代管支出"科目

征求意见稿的代管经费核算无法满足委托人实时了解代管收入和代价支出的基本情况,因此,建议在"代管经费"科目下设置两个一级明细账"代管收入"和"代管支出",分别核算代管经费

收入和代管经费支出,然后再按照代管经费项目进行明细核算,并于会计期末,将"代管支出"借方发生额转入"代管收入"的借方,冲减代管收入,结转后,"代管收入"科目期末贷方余额仍然代管经费尚未动用的余额。各明细科目之间的勾稽关系如图7-9所示。

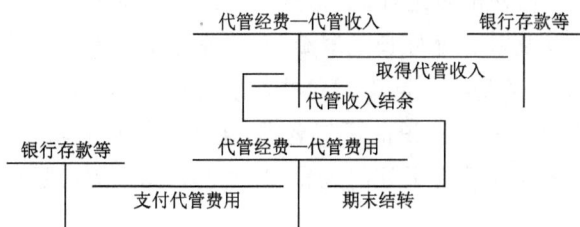

图 7-9 代管经费明细科目勾稽关系图

后 记

在本书付梓出版之际，非常感谢我的工作单位山东女子学院的校领导以及财务处处长迟罗绮，在工作与学习中对我的教导和关注；感谢财务处各位同事对我的帮助与关怀；感谢大学四年、硕士三年传授我专业知识的所有老师，谢谢你们呕心沥血的教导。感谢中国海洋大学出版社的编辑们，他们为本书的出版付出了努力。

本著作的写作参考和借鉴了前人和时贤的一些研究成果，在文中已做了标注，在著作出版之际，对此特别表示感谢！最后，感谢我的父母和丈夫、儿子，是他们用无私的爱和奉献为我在工作之余创造了良好的学习、写作环境。这样一个团结和谐的大家庭，解除了我进行写作的后顾之忧，使我能够顺利完成书稿的写作。

王　璐

2017 年 8 月